介護福祉経営士 実行力テキストシリーズ 12

ここで差がつく!
次代をリードする人材を獲得するための採用戦術

一般社団法人
介護経営研究会
(C-SR) 編著

日本医療企画

はじめに

　昨今、労働環境においてワークライフバランス、メンタルヘルス、ハラスメントなど、時代とともに新たなテーマや問題が出てきています。
　このことは、介護事業所でも同じことがいえると思われますが、介護事業所においては、人員基準があるために、その他の業種と比較しても労務管理の悩みが多い業界の一つであると、私たちも認識しています。なぜなら、介護事業所は一定の基準に従い介護福祉士や看護師等の有資格者を配置しなければならないため、残念なことに、「資格者＝採用したい人材」ということにはならないことがあるからです。
　非常に難しい介護事業所の労務管理をうまく行っていくためには、やはり採用、すなわち"入口"について、しっかりと準備を進めていく必要があるのではないでしょうか。
　新規で介護事業の展開を考えている方は、はじめに人員基準等の理解をしてください。すでに事業を行っている方も、採用の考え方について、改めて考えていくことが大切ではないかと思っています。
　経営するうえでの資源はヒト・モノ・カネ・情報といわれますが、その中でも介護事業所に圧倒的に重要な要素はヒトです。労務管理や採用についての悩みは多いかと思いますが、地道に努力していくしかないと感じています。
　本書は、労務管理の入口である採用について、介護保険法と労働基準法をはじめとする労働法についてポイントをまとめ、求人を行う際の準備から採用基準の検討、書類審査、面接の注意点、採用の際の助成金の活用法について解説しています。また、採用後の労務管理や職場のルールブック等、採用後に行うべきことについても触れています。
　本書が、介護事業所の労務管理、採用計画を立てる際に経営者、管理者の皆さま方の一助となることを切に願っています。

　　　　　　　　　　　　　　　一般社団法人介護経営研究会（C-SR）
　　　　　　　　　　　　　　　　　　代表理事　三浦　修

CONTENTS

はじめに

第1章 採用計画の考え方

1 無計画な採用が経営を圧迫する　*10*
2 経営・事業計画と連動した採用計画の立て方　*12*

第2章 採用基準の検討

1 企業理念の明文化で欲しい人材を確認する　*16*
2 自事業所に必要な職員像を導き出す　*19*
3 よい採用に結びつけるために　*23*

第3章 求人の準備

1　施設系および通所系事業所の労働条件　*26*
2　訪問系事業所の労働条件　*42*
3　福利厚生を考える　*46*
4　求人の媒体を選ぶ　*48*

第4章 書類審査と面接

1　書類審査のポイント　*52*
2　面接前に押さえておきたいポイント　*56*
3　面接のポイント　*61*

第5章 採用後の労務管理

1　採用のときの注意点と労働条件の明示　*70*
2　労働条件通知書と雇用契約書の違い　*72*
3　採用時のその他の必要書類　*75*
4　試用期間の意味と取り扱い　*79*
5　有期労働契約締結に当たっての注意点　*82*
6　長く働いてもらうために　*85*

第6章 職場のルールブックづくりと活用

1 就業規則とルールブックの関係　*88*
2 職員説明会を開く　*94*

第7章 採用の際に活用できる助成金

1 厚生労働省の助成金の役割と活用　*96*
2 職員を採用した際の助成金　*97*
3 職員を訓練した場合の助成金　*102*
4 厚生労働省によるその他の助成金　*106*
5 助成金を円滑に受け取るための準備　*111*

資料　採用にかかわる制度と現状

1 介護保険法の概要　*114*
2 介護保険制度をとりまく環境　*117*
3 介護労働者アンケート　*121*
4 介護保険事業に関わる職種および人員　*134*

付録　こんなときにはどうするQ&A

就業規則について　*142*

求人票について　*143*

募集時の年齢・性別制限について　*144*

履歴書について　*146*

身元保証について　*147*

登録ヘルパーへの業務委託について　*149*

外国人の採用について　*150*

試用期間の長さについて　*152*

登録ヘルパーの年次有給休暇付与日数のカウント方法について　*153*

マイカー通勤について　*154*

持病（うつ・心臓病・てんかん・糖尿病など）・体調（妊娠など）について　*156*

入職後一定期間内の自己都合退職について　*157*

おわりに

採用計画の考え方

1 無計画な採用が経営を圧迫する

　最近、介護業界において人材の確保が非常に難しくなっているという声を多く耳にします。
　事業所数の増加による人材確保の競争が激しくなっているのに加え、アベノミクスによる景気回復により有効求人倍率の上昇傾向と完全失業率の低下傾向が2014（平成26）年に入りより鮮明になっています。
　そもそも介護業界への人材流入は一般労働市場の動向に大きく左右されるため、今後介護業界では、人材の確保がますます難しくなり、売り手市場が続くことが予想されます。
　このような環境下において、必要な人材をいかに確保していくのかが、介護事業所経営において非常に重要な課題となっています。
　巻末の資料に掲載しているとおり、介護サービスを行うにあたっては、指定基準としての人員基準が定められており、その基準を満たす必要があります。基準を満たさない場合、最悪のケースとして指定を取り消されたり、更新を拒否されたりする場合があります。また、介護報酬についても人員基準欠如に該当する場合には、報酬が減算されます。
　今後、介護事業所経営において重要となってくると思われる介護報酬の加算の取り扱いについても、人材の確保が密接に関係してきます。
　このように介護サービスを行うにあたっては、人材の確保が事業収入に重大な影響を与えるため、欠員が出るたびに、介護関係の資格保有者からの応募があればとりあえず採用するというような計画

性のない安易な採用を繰り返す恐れがあります。行き当たりばったりの採用の結果は自明のとおり、ミスマッチによる早期退職により、短期間での欠員補充を繰り返すという悪循環へとつながっていくことになります。
　では計画的に採用を行うにはどうすればよいのでしょうか。

2 経営・事業計画と連動した採用計画の立て方

　採用計画を立てるためには、事業所の理念(想い)やビジョンを実現するための経営・事業計画が必要となります。そもそも採用計画は、経営・事業計画を遂行するために欠かすことができない構成要素であり、経営・事業計画と無関係に作成するものではありません。

　経営・事業計画を遂行するためにはどのような人材が必要なのか？　また、人員はどれ位必要なのか？　現場のニーズは？　等を把握し、「いつ」「だれを」「どのような方法で」採用するのかを考えるのが採用計画ということになります。

(1)いつ——定期採用なのか、通年採用なのか

　定期採用とは高校や大学の新規卒業者を採用する活動のことをいい、通年採用とは随時、欠員補充等を行う中途採用者を採用する活動のことを一般的にいいます。

　入所施設等を運営する一定規模以上の事業所では、新規卒業者を定期的に採用しているケースが多く、それ以外の小規模な事業所では、利用者増に対応する増員や退職等による欠員補充を必要なときに随時、中途採用で行うケースが一般的です。

　新規卒業者は、人員構成を適正に保つ役割や自事業所が望む人材(コア人材)に育成しやすいメリットがある一方で、一人前に仕事ができるまでに時間がかかることや、早期に離職する人が多いというデメリットもあります。

　しかし、例えばデイサービスの介護職員として採用した場合、訪

問介護員に配置転換することが難しいなどという職種に縛られた働き方ではなく、さまざまな職種を経験させることで将来事業所の幹部職員となるコア人材として育成することが必要です。そのために、一定以上の規模の事業所において新規卒業者採用は欠かせません。

中途採用者は、介護業界での経験があれば即戦力として期待できるというメリットがある一方で、前の事業所ではこうだったというような価値観や長年の社会人経験による固定概念によって事業所の価値観と合わず、事業所や他の職員とトラブルを起こすことが少なくないというデメリットがあります。一方、必要な人材を必要なときに採用できるため、欠員補充等に柔軟に対応できることが中途採用はメリットとしてあげられます。

(2) だれを──職種・人数・雇用形態・スキル要件等

職種は何か、正職員またはパート職員か、必要な資格は何か、経験はどれ位必要なのか、何人必要かなど、求人の際はまず必要な人材を想定します。

新規卒業者採用の場合は、資格、経験よりもコミュニケーション能力やリーダーシップ等が求められるのに対し、中途採用では、資格、経験に加え環境適応力等の能力が求められます。

また、事業所の理念やビジョンを実現するために必要な人材像が想定されます。

介護事業所の採用で、看護師や介護福祉士等の国家資格を保有しているからという理由だけで採用するということは、失敗を招く最大の原因となります。自事業所に必要な人材像を明確にすることが大切です。自事業所に必要な人材像を明確にする方法は、次章以下で取り上げます。

(3) どのような方法で——募集ルートと採用条件等

　募集ルートは新規卒業者採用であれば、学校への求人、新規卒業者向け就職説明会、求人サイト、自事業所求人ページ等があります。
　中途採用であれば、ハローワークへの求人、中途採用者向け就職説明会、求人サイト、自事業所求人ページ、福祉人材センターへの求人、資格別職能団体への求人等があります。
　それぞれの募集ルートにより費用が変わりますので、コストパフォーマンスも考える必要があります。
　また、採用条件(待遇)についても決定しておく必要があります。

採用基準の検討

1 企業理念の明文化で欲しい人材を確認する

　採用基準を検討するにあたり、確認するべきことは2点あります。1点目は、自事業所にとって「よい人材」とはどのような人を指すのか明確にすること、2点目は現在、自事業所にとって「必要な人材」はどのような人物かを確認することです。必要な人材とは、資料第4節でも触れているように、事業所の人材基準を満たす人物のことです。本章では「よい人材」とは何かについて解説し、2点を満たす「欲しい人材」を明らかにしたいと思います。
　そのためには、まず企業理念を明確にする必要があります。

(1) 企業理念の重要性

　企業理念とは、企業自体の目的、または企業としての行動規範であり、言い換えれば、「自事業所はどのように介護と関わり、社会貢献をしていくのか」「どのようにして利用者や家族に貢献しようとしているのか」を表したものになります。
　「社会福祉事業に従事する者の確保を図るための措置に関する基本的な指針」では経営理念について、**図表2-1-1**のように言及しています。
　企業理念を掲げ、明確なビジョンを示すことで、その事業所で働く職員の存在意義の確認になります。また、経営理念を組織に浸透させることで、事業所の夢を自分の夢と重ねる職員も増えてくるでしょう。事業所全体で意識共有や意思疎通を図ることで、コミュニケーションも円滑になると考えられます。

【図表2-1-1】経営理念

記述内容	記述箇所
福祉・介護サービスが人によって支えられる事業であることを踏まえ、福祉・介護サービスを行うのにふさわしい経営理念を確立するとともに、質の高いサービスを確保する観点から、サービスの内容に応じた採用方針や育成方針の確立など、明確な人事戦略を確立すること。（経営者、関係団体等）	3.人材確保の方策 1.(2)①
経営主体や事業の規模・種類、地域特性に応じた経営の実態を把握するとともに、これらを踏まえた福祉・介護サービスを行うのにふさわしい経営理念や経営の在り方を研究し、先進的な取組についての周知を図るなど、その成果について普及を図ること。（関係団体等、国、地方公共団体）	3.人材確保の方策 1.(2)⑤
経営者は、経営理念に裏打ちされた人事制度の改革や経営者間のネットワークの構築、関係団体等による活動への協力を最大限行う必要がある。	4.経営者、関係団体等並びに国及び地方公共団体の役割と国民の役割　1（一部抜粋）

出典：社会福祉事業に従事する者の確保を図るための措置に関する基本的な指針（2007（平成19）年8月28日厚生労働省告示第289号）

（2）企業理念を掲げることによる採用の効果

　企業理念を明文化し実行していくにあたり、「どのような考え方をもった人がよいのか」「利用者にどう関わりたいと思っている人がよいのか」といったことが明確になってきます。その明確になった人物像が、自事業所にとってよい人材です。企業理念を掲げることで、事業所の方向性が定まり、どのような意識をもっている人が自事業所に合うのかを確認できます。また、企業理念に共感する人からの応募が増えるなど、よい人材を呼び寄せる効果があります。

（3）企業理念の作り方

　まずは、経営者の心の中にある「志」や「思い」「夢」「価値観」を

次の順で考えていくとよいでしょう。
　①どのような人との関わりがあるのか、どのような人に貢献をしたいのか
　②どのような方法で貢献したいのか
　③どのような状態を理想だと思っているのか、そこにどのような夢があるのか

　他事業所の企業理念も参考にしながら、「自事業所の思い」を明文化しましょう。たとえば、筆者の事務所の企業理念は「元気な中小企業を増やす」です。前述した①～③に合わせると、下記のようになります。
　①介護事業所を含め、多業種にわたってお客様がいるがすべて中小企業
　②人事労務相談、助成金の申請をご依頼いただくことにより、中小企業の人事労務と金銭面に貢献したい
　③中小企業での労働トラブルが少なく、また金銭面も円滑にまわり、会社もそこで働く従業員も元気な会社が理想。その状態が自社だけではなく、利用者やお客様を通し、社会に貢献することにつながる

2 自事業所に必要な職員像を導き出す

(1)現状分析を行い、必要な特性を導き出す

　採用における優先事項は、欠員補充なのか、今後の発展に向けてなのかで変わってきます。しかし、どちらにも共通するのは、あらかじめ自事業所の現状を分析しておくことが非常に重要であるということです。

　この現状分析については、現有職員の適性を分析することで可能となります。市販の適正検査で実施できますので、ここではCUBICの「現有社員用個人特性分析」を使用して説明します。

　CUBICとは、(株)エージーピー行動科学分析研究所を中心に開発された人材を多面的に診断するソフトです。ウェブ上でも安価で販売されており、利用しやすいため、中小企業を中心にかなり普及しています。

　適性検査の検査対象者は、自事業所で優秀だと認識している上位3名、平均的な中位3名、要努力の下位3名です。検査結果は、個人別に出てきます。これを「積極性」「協調性」「責任感」「自己信頼性」「指導性」「共感性」「感情安定性」「従順性」「自主性」「総合ストレス耐性」の項目について、分析していきます(**図表2-2-1**)。

　なお、冒頭に触れた優先事項ですが、欠員補充による採用であれば現状分析による優先度は少し低くなるでしょう。しかしながら現状分析を行うことで、自事業所の現状と課題が明確になります。ぜひ、実践してみてください。

【図表2-2-1】現有職員用個人特性分析

職員分析

		積極性	協調性	責任感	自己信頼性	指導性	共感性	感情安定性	従順性	自主性	総合ストレス耐性
	優秀職員A	68	64	70	68	66	65	64	65	63	68
	優秀職員B	65	62	68	66	64	68	63	64	65	62
	優秀職員C	65	60	68	65	66	60	60	68	68	62
	平均職員D	64	61	57	54	50	55	50	50	50	54
	平均職員E	55	55	50	56	52	54	54	51	51	50
	平均職員F	50	54	52	50	48	56	50	48	47	48
	努力職員G	40	50	46	45	43	43	43	46	42	43
	努力職員H	40	44	43	48	41	43	45	50	43	42
	努力職員I	35	42	42	48	40	40	43	48	42	40
①	平均	54	55	55	56	52	54	52	54	52	52

優秀職員分析

		積極性	協調性	責任感	自己信頼性	指導性	共感性	感情安定性	従順性	自主性	総合ストレス耐性
	優秀職員A	68	64	70	68	66	65	64	65	63	68
	優秀職員B	65	62	68	66	64	68	63	64	65	62
	優秀職員C	65	60	68	65	66	60	60	68	68	62
②	平均	66	62	69	66	65	64	62	66	65	64

要努力職員分析

		積極性	協調性	責任感	自己信頼性	指導性	共感性	感情安定性	従順性	自主性	総合ストレス耐性
	努力職員G	40	50	46	45	43	43	43	46	42	43
	努力職員H	40	44	43	48	41	43	45	50	43	42
	努力職員I	35	42	42	48	40	40	43	48	42	40
③	平均	38	46	44	47	41	42	44	48	42	42

優秀職員と要努力職員のかい離

		積極性	協調性	責任感	自己信頼性	指導性	共感性	感情安定性	従順性	自主性	総合ストレス耐性
④	かい離	28	16	25	19	24	22	18	18	23	22

≪具体的な流れ≫

①現有職員に適性検査を受けてもらう
　↓
②全員の診断結果を1枚の診断シートに転記する
　↓
③転記した診断シートをもとに、全員、優秀職員、要努力職員ごとに平均値を出す(**図表2-2-1①②③参照**)
④優秀職員と要努力職員の平均値のかい離を算出する(**図表2-2-1④参照**)

分析した資料の見方について、解説します。

①を確認すると、項目ごとに職員の平均点数がわかります。次に②で優秀職員の各項目における平均値、③で要努力職員の各項目における平均値がわかります。また、④のかい離の欄で優秀職員と要努力職員の各項目における点数差がわかります。この④を算出することで、自事業所が職員の資質において何を重要視しているのかがわかります。

④の欄を見ると、「積極性」「責任感」「指導性」の順にかい離が大きくなっています。これは、事業所が優秀と認識している職員と努力が必要だと認識している職員の一番異なる点を表しています。

これをふまえ、採用候補者に同様の適性検査を実施し、上記3つの項目が高得点である人を採用すれば、優秀職員として貢献していく可能性が高いということです。さらに、現有職員が一緒に働きたいと思う人材を検討して具体化していくこと、また自事業所で評価している職員の特徴を分析していくことで、自事業所にとっての「よい人材」が定義されます。

なお、職員分析の①欄の平均値より低い人を採用することは避けたほうがよいといえるでしょう。

（2）必要なスキルの確認をする

採用する人材に必要なスキルの確認には、厚生労働省が出している「実証事業用の評価基準のレベル対応」を参考にするとよいでしょう（図表2-2-2）。第4章とも関連しますが、面接時には応募者の経験値の確認に使用できますし、現有職員をこの表に当てはめることで、自事業所が求めるレベルの確認にもなります。

【図表2-2-2】実証事業用の評価基準のレベル対応

大項目	中項目（仮置き）	レベル1	レベル2①	レベル2②	レベル3	レベル4
【求められる能力等】		初任者研修により、在宅・施設で働くうえで必要となる基本的な知識・技術を修得	基本的な知識・技術を活用し、決められた手順等に従って、基本的な介護を実践（例：施設等において「夜勤」に従事することができる）	一定の範囲で、利用者ニーズや、状況の変化を把握・判断し、それに応じた介護を実践	利用者の状態像に応じた介護や多職種の連携等を行うための幅広い領域の知識・技術を習得し、的確な介護を実践（例：施設等において、主たる夜勤者を担うことができる）	・チーム内でのリーダーシップ（例：サービス提供責任者、主任等） ・部下に対する指示・指導 ・緊急時の対応を適切に行う ・本レベル以上が『アセッサー』になれる
基本介護技術の評価	入浴介助	○	○	○	○	
	食事介助	○	○	○	○	
	排泄介助	○	○	○	○	
	状況の変化に応じた対応	※		○	○	
利用者視点での評価	利用者・家族とのコミュニケーション	△	△	△	○	○
	介護課程の展開				○	○
	感染症対策・衛生管理	○	○	○	○	○
	事故発生防止	△	△	△	○	○
	身体拘束廃止				○	○
	緊急時対応	○	○	○	○	○
	終末期ケア	△	△	△	○	○
地域包括ケア		※			○	○
その他	リーダーシップ					○

（注1）「△」は、評価の対象となる小項目とならない小項目を含むもの。
（注2）「※」は、実証事業では評価を実施している。
（注3）アセッサーとは内部評価者のこと。
出典：厚生労働省老健局「介護キャリア段位制度」

　欠員補充である場合は、資料137ページの「人員基準」をクリアすることが第一の優先事項になるでしょう。

3 よい採用に結びつけるために

(1) 資金計画を立てる

　人材採用には、当然お金がかかるため、資金面を含めた採用計画を立てることになります。第7章で述べる助成金制度の活用も検討しながら資金計画を立てましょう。

(2) 欲しい人材を募集するには

　欲しい人材を募集するには、第1節で触れたように、明文化された企業理念を公表します。公表することにより、事業所に興味がある人が集まってきます。

　現在、介護事業所は求人難といわれており、他事業所もたくさんの求人を出しています。他事業所との差別化を図るためにも、欲しい人物像だけでなく、企業理念を含めた自事業所の魅力を伝えましょう。その魅力に惹かれる人、共感する人が集まってきてくれます。

　公開する方法としては、自事業所のホームページがあります。事業所の「思い」「志」が伝わるホームページを作り、自事業所の魅力をわかってもらいましょう。スタッフの紹介ページを作ることで、自事業所の魅力や入職後のイメージがより伝わりやすくなります。その他には、「事業所からの一言」を添えることも大切です。例えば、「資格取得の支援補助あります」や、「開設3年目の元気で明るい事業所です」などです。ハローワークの求人票にも「事業所の特徴」を

記載する欄や、「求人条件特記事項」があります。しっかり自事業所のアピールを行いましょう。

　HPについては「あずゆあはうす」などを参考にしてください（http://www.kaigo-genkika.com/）。

（3）市場状況を知る

　求人募集にあたっては、市場状況を知ることを忘れてはいけません。同地域や同サービスを行っている他社の求人条件や福利厚生を確認したうえで求人条件を決定しましょう。現在はハローワークのインターネットサービスでも他事業所の求人内容を確認することができます。

求人の準備

1 施設系および通所系事業所の労働条件

　介護事業所では他の業種と異なり、人員配置基準が決まっているため、基準に従った介護従事者を揃える必要があります。欠員が生じないように、常に採用のことを念頭においておきましょう。現在のように介護事業所が急増している状況で魅力的な人材を確保するには、事業所で働きたいと感じさせる何らかの特色を出す必要があると考えられます。

　本章では、採用を考える際、職員の給与、労働時間、休日等の労働条件をどのようにするかについて、労働法を背景に解説します。

　採用する際に必要な賃金、勤務体系（労働時間、休日等）、その他の労働条件について、施設系および通所系事業所の正職員とパート職員それぞれについて解説した後、訪問系の事業所（特に訪問介護員）について注意しなければならない点を紹介します。また、各事業所が特色を出すために重要な福利厚生についてどのようなものがあるのかを最後にまとめました。最低限守らなければならない労働法のポイントを知ったうえで、より特色のある方針を事業所ごとに打ち出して求人票に反映していきましょう。

　まず、施設系および通所系事業所において、どのような労働環境を整備していくか考えるために、正職員とパート職員それぞれの労働条件について解説します。

（1）正職員の労働条件

　施設系事業所の場合は、24時間365日の介護が必要なため、どう

しても正職員の時間管理が複雑になります。変形労働制（32ページ参照）を導入して夜勤に対応する場合が多いです。介護保険制度においては、事業所の管理者等の配置が必要であり、生活相談員など何らかの役割を担っている役職者も組織に存在します。さらに、介護保険制度では、介護福祉士や主任介護支援専門員を配置すると、介護報酬に加算がつくということもあり、賃金体系は夜勤、役職者、資格者に配慮したものにする傾向があります。

通所系事業所の場合は、夜勤の問題は生じないことが多いのですが、事業所は週休1日、職員は週休2日だったりするため、やはり時間管理に工夫が必要です。

よりよい採用を行うために、これらの点をもう少し掘り下げて考えてみましょう。

1 給与を考える

給与水準は高いほうが応募は増えると思われますが、介護報酬と人員配置が決まっている現状では給与水準を極端に上げることはできません。まず、近隣の同じような事業所（施設系なのか、通所系なのか、規模はどうか）の給与水準をハローワークやインターネットで調査したうえで、自事業所に適正な人件費を考えていきます。

その際には、まず賞与、退職金の有無および法定福利費まで考えて、募集したい職員の職種、ポジションにより総額人件費を決めていきます。賞与は、現在実績としてどのくらい支給しているのかを求人票に記載することができます。月々の基本給がそんなに高くなくても、賞与がきちんとした月数支給されている実績や退職金制度があるということで、求職者に好印象を与える場合もあります。

1）給与体系

　給与体系については、基本給にどのような手当が加算されているのかで事業所が何を重視しているのかがわかります。一般的には、基本給に加えて役職手当、資格手当、扶養（家族）手当、住宅手当などが支給される場合が多いようです。前述したような介護保険の仕組みがあるので役職者、資格者には手当を支給して優遇します。また扶養手当、住宅手当を支給する事業所は、職員の家族のことまで考慮していることを求職者に示すことができます。一方で、これらの手当は「仕事」には関係ないため、一切支給しないという考え方の事業所もあります。そのほかに研修手当、保育手当等があると、福利厚生が充実していることを伝えられます。

2）基本給

　基本給に関しては、どのような基準で決めていくのかが重要になります。処遇改善加算の一つの要件であるキャリアパスに準じているのか、属人的な要素（勤続年数、経験年数等）のみで昇給や昇格が行われるのかという部分も、将来を見据えた魅力的な人材を確保するには必要な要素です。事業所規模が小さかったり、まだ立ち上がったばかりの事業所で能力評価までできないような場合でも、年次の昇給の仕組みだけは整えておいたほうが求人には有利でしょう。総額人件費をそんなに増やせないので大きなピッチで昇給を行う必要はないのですが、介護業界全体では圧倒的に昇給の仕組みを取り入れている事業所が多いので、毎年少しずつでも昇給する仕組みがないと、雇用流動性が高い業界で魅力的な人材を確保するのは難しくなります。ただし、レベルアップをまったくしようとせず、同じレベルの仕事をずっと続けている職員には昇給をどこかでストップする、あるいは降給する可能性についても同時に検討する必要があ

ります。

3）諸手当

　施設系事業所における夜勤手当は、夜勤の労働実態（夜勤拘束時間、労働時間、人員配置等）によって支給額が異なります。求人票には夜勤手当の金額が記載される場合が多く、夜勤をすることを前提に給与水準を推定して応募してくる求職者も多いので、夜勤手当の位置づけを考えて支給金額を決定するようにしましょう。また、夜勤手当の中に深夜労働の割増分を含む場合とそうでない場合がありますが、含む場合は給与規程や労働条件通知書に明記することが必要です。

　また、その他の手当は、決まっているものについては求人票に記載することができます。1）で述べたように、諸手当の種類は、その介護事業所の考え方を応募者に伝える一つのツールになります。金額も含め、しっかり主張できるように賃金体系を組むことも重要となります。

2 勤務体系（労働時間、休日、休暇）を考える

　勤務体系を考えるうえにおいて、最も大きな問題は夜勤を含めたシフトをどのように組んでいくかということです。もともと配置基準に従ってそれほど余裕なく人員配置しているため、職員の急病等によるシフト変更などは頭の痛い問題です。

　夜勤体制を考えるうえでの注意事項およびその他勤務体系について考えていきます。

1）夜勤体制の構築

　夜勤を行う事業所は、何らかの変形労働制を入れないとシフトが

組めない場合が多くあります。**図表3-1-1**に変形労働制の一覧と注意点を示しましたので、ご参照ください。

　求人票には「1か月変形を採用・実施」という形でしか掲載されない場合が多いのですが、夜勤に関しては、8時間夜勤なのか、それを超える夜勤（16時間夜勤等）なのか、それに対して休日は適正にあるのかというところが、応募者の面接時の質問に上がってくる場合が多いものです。夜勤は労働時間としてカウントされている時間のほかに、休憩時間がどのくらいあるのかもポイントとなります。夜勤帯は、少ない職員で（寝ている利用者が多いとしても）多くの利用者を見なければならず、休憩時間が適正に確保できるかどうか疑問な場合も多く見受けられます。応募者としては、一般的に夜勤帯の休憩時間が十分に確保できるかどうかわからないという意識がある半面、あまり長すぎる休憩時間を規定している事業所には、夜勤拘束時間が長いのに労働時間が少ないという印象をもってしまうことも予測されます。

　特別養護老人ホームなのか、サービス付き高齢者向け住宅なのかなど施設の形態によって、また、重度の利用者を多く受け入れているのかそうでないのかなどで、夜勤帯の忙しさは異なってきます。夜勤帯の労働条件があまり厳しいと定着率が落ちてしまい、近隣への評判が下がり結果的に求人が厳しくなるので、注意すべき点の一つとなります。

2）残業時間

　残業時間も求人票に記載する要素の一つです。介護事業所への応募者は家庭と両立したいと考える層も多く、記載されている残業時間数があまりにも多いと、日常的に所定労働時間では帰宅できない職場と想像されるため、求人には不利に働きます。残業が多い事業

所は、人員が不足していたり、そもそも職務が多すぎたり偏っていたりと、残業に陥ってしまう何らかの原因が考えられるため、抑制をする努力が必要となります。特に突然の職員の退職に対しては、すぐによい人材が確保できるとは限らず、残った職員で残業して対応することになる場合が多くなる傾向にあります。早めの人材確保ができるように準備をしておくとともに、分散できる仕事は分散しておくなどの工夫も必要となります。

また、多すぎる会議や委員会活動などが残業の原因になっている事業所も散見されます。職員によかれと思って行う研修も、過剰になっている場合は自由参加にするなど、職員の時間拘束を減らす方向で考えないと、残業時間数が増える一方という話になりかねません。

3）フレキシブルな時間管理

残業時間の項目で述べたように、介護事業所の求職者は、仕事と家庭を両立させたいと考えている層が少なくありません。従って育児・介護休業の実績があるか、休業のあとも働きやすい職場環境であるかなどの視点も重要な項目となります。

育児・介護休業の実績は直接求人票に記載可能な項目です。取得者がいる場合は積極的に記載して求職者へアピールしましょう。

また、休業取得後の働きやすさとしては、育児・介護短時間勤務制度の有無や、希望しない場合は夜勤をしなくて済むか、公休を土曜日や日曜日に限定してもらえるかなどを、採用面接時に求職者に確認されることがあります。育児休業明けの職員が多く働いている職場で、このような職員への配慮ができている場合は、求人にとても有利に働きますので、特記事項等に積極的に記載しましょう。

一歩進んで、単に短時間勤務を認める等の育児介護休業法に沿っ

【図表3-1-1】変形労働制の一覧と注意点

項目	1年変形労働制
内容	1か月を超え、1年以内の期間を平均して1週間当たりの労働時間が法定労働時間（40時間）を超えないことを条件に、業務の繁閑に応じて、特定の日や特定の週について1日および1週間の法定労働時間を超えて労働させることができる制度
手続き	・就業規則に明示のうえ、毎年書面による労使協定をくみ、労働基準監督署に提出
労使協定の中身	・対象労働者の範囲 ・対象期間および起算日 ・特定期間（特に繁忙な期間／最長12日間連続労働可） ・労働日および労働日ごとの労働時間 ・労使協定の有効期間
労働時間について	・1年間の総労働時間の上限は2085.71時間 ・1日の労働時間の上限　10時間 ・1週間の労働時間の上限　52時間 　　ただし週48時間を超える週は連続3回以内 　　連続労働日数　6日 　　（これ以上を定めたい場合は特定期間の労使合意が必要） ・1年間の労働日数の上限　280日 　　（85日以上の歴日休日が必要）
労働日、労働時間等の特定	・年間カレンダーで労働日、労働日における始業終業の時刻、所定労働時間を特定 ・年間の休みの日数、総労働時間のみ決めた場合、月別のカレンダーは起算日の30日前までに明示
変形期間の途中入社・退社について	・1年の途中の入退社に関しては、期間内のその労働者の全労働時間の通算をして、平均週40時間を超えた部分についての精算が必要

※対象事業場は、法定労働時間が1週間40時間であるとした。

1か月変形労働制	注意すべき点
1か月以内の一定の期間を平均して1週間の労働時間が法定労働時間（40時間）を超えない範囲において、変形労働期間内において1日および1週間の法定労働時間の規制に関わらずこれを超えて労働させることができる制度	▶ 1年変形労働制を採用した場合、労使協定は毎年労働基準監督署へ届け出ることが必要 ▶ 1か月変形労働制では、就業規則にきちんと定めてあれば、労使協定の労働基準監督署への届け出はなくても制度導入可能
・書面による労使協定（定めたら労働基準監督署へ提出が必要）または就業規則などによって定めることで導入	
・対象労働者の範囲 ・変形期間と変形期間の起算日 ・変形期間中の各日および各週の労働時間 ・協定の有効期間	
・所定労働時間の合計上限 　1か月間に177.1時間（31暦日）、171.4時間（30暦日）160.0時間（28暦日）まで ・あらかじめ定められた所定労働時間を超え、法定労働時間を超えた分が時間外割増必要	▶ 1年変形労働時間制に関しては、休日は暦日休日で85日、また1日の労働時間の上限が決まっているので、10時間を超える夜勤は不可。休日日数も問題が生じやすい ▶ 1年変形労働制を取った場合、各人別カレンダーを起算日30日前に出せるかどうかを検討 ▶ 休日は暦日で4週間に4日以上が必要。夜勤明けを休日とみなしている場合は、どちらの変形労働制も法定休日が取れているかに注意
・起算日の前日までに所定労働日、労働日における始業終業の時刻、所定労働時間を明示	
	▶ 変形期間途中の入退社に関しては、1年変形を採用した場合、各人別に精算必要

出典：厚生労働省「1年単位の変形労働時間制」、東京労働局「1箇月単位の変形労働時間制導入の手引き」

た形の管理だけでなく、もっと踏み込んだ制度設計を考え、育児・介護をしている職員の定着率を上げていくことで、職場環境を整えることも大切です。フレキシブルな時間管理や、職場環境を整えるような制度設計（短時間正規職員等の制度設計を行う、先輩職員が子育てや介護の相談に乗るメンター制度を導入する、他の事業所や施設と共同での保育園利用を促進する、保育園の送り迎えに適した時間制度を導入するなど）を検討し、実施している法人は、家庭との両立を目指す求職者に、特に選ばれる介護事業所となるはずです。

4）休暇

　求職者へのアピールポイントとして、年間の公休日数のみならず、その他の休暇の制度、また年次有給休暇の取得のしやすさもあります。

　年次有給休暇は、比較的取得しやすい介護事業所においては、求人票に年次有給休暇の取得率を記載している事業所もあります。ただ、退職時に一挙に年次有給休暇を取得されるのを避けるために労使協定を結び、計画的に年次有給休暇を取得させている場合もあります。一概に年次有給休暇の取得率をもって、他の事業所との比較になるのかという点については疑問も残るところです。

　また、慶弔休暇に代表される特別休暇の有無もアピールポイントとなります。特に事業特性上、常識的な慶弔休暇の範囲にとどまらず、配偶者の出産時や、介護休業や休暇を取得するほどでもない家族の介護時に特別に少し長めの休暇を与えたり、子供の行事に対して、年間上限を設けつつ休みの権利を与えるというような配慮がある事業所は、法人の職員に対する考え方が伝わり、求人にも有利に働きます。

3 その他の労働条件を考える

　今まで考えてきた労働条件のほかに、重要な項目として定年の考え方があります。定年は、求人票に記載する項目の必須事項となります。

1）法律での定年等の考え方
　高年齢者等の雇用の安定等に関する法律（高年齢者雇用安定法）では、高齢者の雇用（定年等）について、以下のいずれかの措置を行わなければならないとされています。
　①定年年齢を65歳以上に定める。
　②定年年齢が65歳未満の場合、希望者全員の65歳（もしくはそれ以上の年齢）までの継続雇用制度の導入（2013〔平成25〕年4月1日までに労使協定を組んでいた事業所には経過措置があり）。
　③定年制を廃止。

2）定年をどうするか
　現在の60歳前後の職員は、若い世代とほぼ変わらない仕事をこなせるほど、体力的な衰えを感じさせない人が多く、（60歳定年の事業所の場合）60歳で定年を迎えても、その後しばらくは通常どおり働く希望をもつ人が多い傾向にあります。また、特に看護職等の有資格者の採用が難航している介護事業所では、60歳を超えていても正社員として採用したいという希望がある場合もあります。各事業所の考え方によるのですが、採用を有利に行うということだけを考えた場合は、65歳定年で、さらに場合によっては70歳くらいまでの継続雇用制度を導入する、というような制度設計を行えればいいのではないかということになります。
　ただし、キャリアパス制度にのせて若年から教育するという長い

視点をもった介護事業所では、60歳を定年として退職金を支給し、その後は嘱託職員として後任の指導も含め1年ごとに労働条件を見直しながら65歳まで勤務してもらうという制度を入れているところが多いです。人件費も少なくすみ、また当該職員の働き方としても多様性が確保できるため、運用しやすいとも考えられます。

65歳以上の定年を設ける場合でも、ある一定の年齢のところから昇給を押さえる仕組みや、役職定年制度および退職金制度の見直しなどを考えて、全体の人件費の高騰を抑制する制度設計をしておくことが必要です。そうしないと、介護事業所の会計に負担を与えるばかりか、いつまでも役職を勤めなければならないなど、結果的に職員に無理を強いて働きにくい環境になってしまう可能性もあるからです。

定年や継続雇用については、上記に述べた利点や問題点を参考に、それぞれの介護事業所の事業内容、開業時期、定着率、現存社員の年齢構成などを総合的に判断して慎重に決定することが重要です。

(2) パート職員の労働条件

■1 フルタイムパート職員の募集

介護事業所の求職者には、家庭の事情で夜勤ができない、休日の曜日を限定したい、まだ責任のある役職につきたくないなどいろいろな個別事情があって、総労働時間数では正規の職員と同等に近くても、パート職員を希望する人が少なからずいます。募集する介護事業所も、このような求職者を採用し、人員を充足していることが多いです。また、正職員の正式採用の前置期間としてフルタイムパート職員として採用し、職員としての適性をみるなど、組織運営に活かしている場合もあります。ここでは、フルタイムに近い条件

で勤務するパート職員を募集する際の注意点について考えてみましょう。

1）有期雇用職員としての採用
　パート職員の採用に当たっては、雇用期間を定めて労働契約をする場合が多いです。このような有期雇用職員の採用に関しては、何点か注意すべき点があります。
　①採用時の明示事項
　労働基準法第14条第2項に基づく通達「有期労働契約の締結、更新及び雇止めに関する基準」では、有期雇用職員の採用に当たっては、労働契約の締結時にその契約に更新があるのかないのか（更新の有無）、また、仮に更新がある場合はその更新についての判断基準を明示することになっています。
　介護事業所の場合、6か月や1年の契約期間で更新を繰り返し、長く在籍している有期雇用職員は相当数います。在職している有期雇用職員に対し、きちんと更新手続き等を行っていない事業所だと、新規採用の有期雇用職員にも必要事項が明示されないことが多く、トラブルの原因になる場合も見受けられます。その他、特に有期雇用職員の採用に当たって明示事項と重要なものとして、昇給、賞与および退職金の有無等があります。
　入職時にきちんと明示や説明ができるように、採用を考える際に有期雇用の職員の更新や、その他の労働条件についてよく考慮しておく必要があります。
　②同一労働同一賃金
　労働法の基本は同一労働同一賃金です。フルタイム勤務のパート職員は、正職員なみに労働時間があるのに、給与（昇給の仕組みを含む）、賞与、退職金等で正職員と差があることが多く、その場合は、

なぜそのような差が生じているのかをどこかで明確にしておく必要があります。

　パート職員の場合、職種や職場を限定していたり（異動に対して寛容）、時間外労働の拒否権を認めたり、責任のある業務を回避させるなど、正職員と異なる部分を制度として考え、採用時に正しく伝え、就業規則等に明記しておくとよいでしょう。

　また、新規採用の際に、正職員採用の前置期間としてのフルタイムパート職員の期間を設ける場合には、正職員としての採用時期もしくは正職員登用の条件について、やはり採用時にきちんと伝え、雇用通知書等に明記しておくことで、当該職員の誤解を生ずることなく、モチベーションも維持されます。

③最大契約年齢と最高契約期間の問題

　労働契約法の改正により、2013（平成25）年4月1日以降の契約に関し、有期雇用での契約期間が5年を超えると、職員の申し出により無期雇用に転換できるようになりました。この無期転換職員については、無期雇用にさえなっていれば、労働条件その他は有期のときのものでもよいことになっています。

　有期雇用職員の無期雇用への転換が、ある期間を経て法律上必然的に行われるようになることを考えると、パート職員の募集に関しては、正職員への転換制度をキャリアパスの一つとして提示することも考慮すべき事項となります。子どもが小さいとか、家庭の事情により困難などいろいろな理由で正職員への応募を諦めている求職者が、正職員への転換を目標に応募することが考えられます。

　また、有期雇用職員に関しては定年という概念がなく、正職員のような高年齢者雇用安定法の決まり（35ページ参照）は適用されないのですが、最高雇用年齢は65歳以上にしておくほうがよいでしょう。65歳未満で最高雇用年齢を設定すると、監督官庁が実質65歳

未満での定年を決めたのではないかと判断する可能性があり、そうなると65歳までの継続雇用制度を導入しなければならなくなります。せっかく有期雇用で労働条件を更新の度に見直すことができるのですから、元気な高齢者を採用する機会を増大させるためにも、最高雇用年齢はあまり低くしないほうがよいと考えられます。

2）その他の労働条件
　①時給の改定
　雇用における重要事項として、時給の改定要件があります。つまり、入職時の時給が次年度以降、昇給する可能性があるのか、資格等を取った場合、時給に反映されるのかなどについての記載です。経験年数を経ても時給がアップしない仕組みになっている場合は、圧倒的に求人には不利になります。介護事業所の場合には、時給者であっても、経験年数や資格取得を時給に反映させる仕組みが欲しいところです。
　②休暇
　パート職員を希望する求職者にとって、休暇の取得しやすさは重要な検討項目の一つとなります。面接時に求職者から訊かれることも多い事項ですので、休暇を取得しやすい環境整備も重要なポイントです。
　慶弔休暇等の特別休暇については、パート職員に関しては認めていない介護事業所が多いのが現実ですが、正職員なみでなくても何らかの制度があれば求人には有利になります。

2 短時間パート職員の募集

　介護事業所の場合、配偶者扶養の範囲内で勤務することを希望したり、ある時間帯のみ勤務することを希望したりという求職者も多

くみられます。また、食事介助のみ、利用者の送迎のみというような職種限定の求職者も存在します。短時間パート職員の中には、社会保険加入要件に満たない職員も多く、上手に募集し、事業所内で活用したいところです。有期雇用になる場合が多く、その場合の注意点は前述したとおりです。

1）社会保険等の加入

　短時間パート職員に関しては、所定労働時間を求職者の希望に合わせて設定する場合が多いです。週20時間以上勤務する場合は雇用保険、正職員のおおむね4分の3以上の勤務時間が見込まれる場合は社会保険（健康保険、厚生年金保険）の加入が必要となります。このように保険関係の適正な加入をすることは、採用時に限らず重要なことですが、所定労働時間の変動が大きい短時間パート職員については、管理が正しく行われていない介護事業所もあるようです。正しく管理して、採用時に労働条件とともに社会保険等の加入に対してもしっかり説明、明示する必要があります。

　応募者は、社会保険の加入を希望するまたは希望しない等を面接で伝えてくることが多いのですが、希望に沿うには、労働時間の調整が必要な場合も多くあります。たとえば、社会保険に加入したくないという希望者の場合は、週所定労働時間を30時間未満で調整する（正職員が週40時間の場合）などです。

2）健康診断等

　短時間パート職員の週所定労働時間が30時間未満だと、「労働安全衛生法」上の健康診断の実施義務はありません。しかしながら、たとえ短時間勤務の職員であっても、介護事業所の職員として利用者と相対するので、やはり健康な状態で勤務して欲しいものです。

短時間職員の健康診断費用やインフルエンザ接種費用を負担している介護事業所は多いですが、求職者には魅力的な制度です。

3）兼業
　短時間パート職員にはすでに他の介護事業所、または異業種の事業所に勤務しながら、兼業を前提として応募してくる場合もあります。兼業を認めているところは多いのですが、その場合のルールづくりも必要です。

2 訪問系事業所の労働条件

　ここでは訪問系の事業所において、どのような労働環境を整備していくかを考えます。訪問系であったとしても、正職員の採用については、労働環境の整備の仕方は施設系と大きく変わるわけではないので、第1節の記載をご参照ください。ここでは主に、訪問介護、訪問看護もしくは訪問入浴介護に当たるパート職員の採用について考えます。

（1）給与設定に当たって

❶訪問系パート職員の給与体系

　訪問系パート職員、特に訪問介護職員の給与に関しては、訪問先（利用者宅）に職員が訪問して行った作業や仕事（身体介護、生活援助等）に対して、1時間当たり単価を決定して1か月積算して支給している介護事業所が多数です。これは、介護保険の報酬単価の決定の仕方から考えると合理的なやり方で、このそれぞれの仕事当たりの単価が求職者への訴求ポイントとなっています。

　訪問系パート職員が労働法上でいう労働者であり、研修や会議で時間を拘束した場合は労働時間として換算されます。利用者宅から別の利用者宅への移動時間も労働時間となります。突然の利用者の都合によるキャンセルも、その時間、訪問系パート職員は実質的には仕事をしなくても、時間は確保されているということなります。これらの時間に関しては、介護保険の報酬としては換算されず、事業所に給付されるものではないにも関わらず、職員が労働者である

限り、介護事業所は労働の対価として支給せざるをえません。研修等に関しては研修手当、利用者宅の移動時間に関しては移動手当、キャンセルに関してはキャンセル手当等の名称で支給している場合が多いようです。研修手当や移動手当に関しては、実際にかかった時間分、最低賃金を上回る形で支給しなければなりません。またキャンセル手当に関しては、拘束した時間に対し、平均賃金の６割以上の金額を支給しなければなりません。

　訪問系パート職員の募集に当たって、給与を決定するときは、実際に行われる仕事に対して支給する仕事給単価のほかに上記の研修、移動、キャンセルに係る手当を考慮して、事業所が給付を受ける介護報酬とのかねあいで、採算の合う単価を熟慮する必要があります。特に移動にかかる時間は、すべて自転車で５～６分以内という地域もあれば、車での移動で平均20分はかかっているという地域もあり、介護事業所の立地にも大きく左右されます。このほかに、ベテランと新人の訪問系非常勤職員の仕事単価に差をつけるかなども考慮したうえで、競争力のある給与設定をする必要があります。

　訪問介護職員も含め、訪問看護、訪問入浴介護に携わるパート職員に関しては、特に単価に差をつけない完全時給制の事業所もあるようです。研修、移動時間も含めすべてフラットな時給で設定すればトラブルは少なくなると考えられますが、フラットな時給設定を行うと単価を低く設定せざるをえなくなり、作業や仕事別に単価を設定している事業所と比較して、求職者にとって魅力が低下する可能性が高くなります。周辺介護事業所の給与の相場を見て検討する必要があります。

❷訪問系パート職員の勤務体系

　上記の給与体系決定に連動して、勤務体系に関しても注意点があ

ります。

1）どこまでが労働時間か
　訪問系パート職員の「移動」では、どこからどこまでが「移動」の時間なのか、「通勤」とは別なのかなどが問題になる場合があります。自宅から利用者宅へ直行する場合は「通勤」で、そのとき事故が起こり怪我をしたら、「通勤災害」の扱いになります。また、通勤なので、その時間分の手当の必要はありません。ただ利用者宅から別の利用者宅へ移動するときに、仮に近くの自宅に忘れ物を取りに一瞬戻ったら、それは「移動」なのか「通勤」なのか、訪問時間が2時間あいてしまったら自宅に戻るのが当然なのか、それは「休憩時間」なのか、「手待ちの時間」（労働時間として換算）なのかなど細かいところが混乱している場合が多いので、労働基準法に従ってルールを決めておく必要があります。
　また、キャンセルに関しても、前日までに連絡して訪問予定を変更したものは「シフト変更」と扱い、当日変更は「キャンセル」として扱うというようなルールを決めて明確化しておかないとトラブルになる可能性があります。

2）年次有給休暇取得の問題
　訪問系パート職員の場合、1か月〜1年等の雇用期間を区切ったうえで、使用者と職員の双方の都合により合意した日の労働契約が成り立っているとしている場合が多いですが、この場合でも6か月雇用が継続されると、年次有給休暇の権利が発生します。どのような所定労働日数の計算でどのような金額を支給するのかを、あらかじめ決定しておかねばなりません。
　一般的に、労働日に関しては過去の実勤務日数（実労働日数が1

年に満たない場合は、過去6か月の労働日数の実績を2倍したものを「1年間の所定労働日数」とみなして判断する）の合計数に応じて、法定どおり年次有給休暇を付与するという場合が多いようです。また、年次有給休暇取得日に支給する賃金に対しては、1日の平均賃金という場合が多いようです。

3）複数事業所勤務の問題
　訪問系パート職員の場合、複数の介護事業所を掛け持ちして訪問介護等を行っている場合も多数見受けられます。通勤災害等が起こった場合、実は移動途中だったなどということも多く、最低限報告義務が必要です。そのうえで社会保険の適用等、どのような取り扱いにするか考えておく必要があります。

3 福利厚生を考える

　ここまで、求人に際して介護事業所が準備し考えなければならない条件を、法律に照らし考えてきました。より魅力的な求人にするには、法律を上回る福利厚生的な施策も考える必要があります。

　一般的に介護事業所が行っている福利厚生のうち、求職者への訴求が強いものを挙げてみました。これらの点に関して実行しているならば、掲載可能な範囲で自事業所ホームページ等でも告知しましょう。求人を有利に運ぶことができるばかりでなく、自事業所のイメージアップにもつながります。

(1) 研修制度

　介護事業所の職員は、介護の技術向上のためにも研修を受ける機会が多いものです。いろいろな主催者が行うさまざまな研修があります。新人から管理職まで段階を踏みながら、職員の成長の手助けをする仕組みが事業所に整っているかどうか、資格取得を含め職員のステップアップに対して、何らかの補助制度があるかどうかなどの点は、他社と差別化するためには重要な要素となります。

(2) 奨学金制度

　看護師、保健師、助産師などの資格を取得するためには、eラーニング等もありますが、勤めている介護事業所を一時期休職して学費を払い学校へ通わなければならなかったりする場合もあります。

職員が資格を取得すると、その資格はその職員個人が有するものになるため、勤務先の介護事業所が資金提供までする制度はあまり見られません。しかし、学費の貸付制度（奨学金制度）であれば、福利厚生目的で、対象者、貸付限度額、返済の仕方などのルールを決め規程を作成し、きちんと運用すれば魅力的な制度となります。求人しても採用がままならない専門職を自事業所で養成できる制度ともいえます。

（3）託児施設をはじめとする子育て支援

　介護事業所が組織内で保育園を設置し、職員の子どもを預かることができれば、子育て中の職員にとって大きなメリットになるばかりか、他事業所との圧倒的な差別要因となります。子育て中の求職者が安心して応募できるからです。

　託児所の設置まではできないという介護事業所も、子育て中の職員の助けになるような制度（短時間勤務制度の拡充、保育手当の給付など）を導入して、「子育てに優しい企業」という姿勢を見せると、求職者だけでなく、地域にもアピールが可能です。

（4）その他

　介護事業所が医療法人の運営であったり、薬局の運営であったりした場合、自法人の医療費（薬剤等）の自己負担分の免除制度がある場合があります。これもきちんと限度額等を定めて、適正な運用をすることが重要です。

4 求人の媒体を選ぶ

　求人のための準備をしたら、求人を開始しましょう。求人の媒体もさまざまなものがあり、新規卒業者と中途採用者では、求人方法が異なります。

（1）新規卒業者の求人

　新規卒業者の場合は、学校を通じての推薦やハローワーク等の新卒窓口、また、一般の就職斡旋業者によるエントリーなどがあります。介護事業所は地域での活動が主になることが多いため、新卒採用に当たっては、まず地元の高校や福祉系の大学の就職担当係を事業所側から訪問して、よい関係を築いておくことが重要になります。

　高校の新卒のハローワーク用の求人は時期が決まっており、説明会もされるので、時期を逃さないようにハローワークの担当者と連絡を取っておくとよいでしょう。大卒新規採用においても若者専用のハローワークがあるので、積極的に利用しましょう。

　また、一般的な大学生が行う就職活動においては、大手の業者の就活サイトからのエントリーが大半を占めるので、これらの媒体を利用することも有効です。ただ、費用もかかるので、求人をしなければならない人数とコストを考えて媒体を選んでいく必要があります。

　また、求職者は求人の情報を見て、希望する介護事業所のホームページにアクセスし、情報を精査した上で履歴書を送ってくることが多いので、自社のホームページを充実させたり、求人情報を載せ

たりすることも有効な手段となります。

（2）中途採用の求人

　介護の業界は雇用流動性が高いため、地域のハローワークにおいて介護事業者による合同説明会が行われるほど多くの中途採用の求人があります。たくさんの求人の中から求職者に選んでもらうため、介護事業所は媒体選びにも苦労しています。

　求職者は、「ハローワーク」や「福祉のお仕事」などの公共媒体はもちろんのこと、地元の求人誌や新聞の広告や新聞の折り込みチラシを利用することが考えられます。「ハローワーク」や「福祉のお仕事」などはインターネットサービスを同時に行っており、希望すれば、インターネットへの掲載も可能です。同様に、地元求人誌などでも独自のインターネットサービスを行っているので、積極的に利用するとよいでしょう。

　この他に、インターネット専用の求人媒体もあります。求職者には無料のサイトがよく使われています。介護事業所側のかけられるコストと見合った媒体を選ぶことが必要です。

　中途採用の場合も、求人の情報を見て、希望する介護事業所のホームページにアクセスしてくることが多いので、新規卒業者の求人と同様、自事業所のホームページを充実することが大切です。

　次ページ**図表3-4-1**で求人例を掲載しましたのでご参照ください。

【図表3-4-1】福祉・介護分野の求人例

事業所名	社会福祉法人○○会　特別養護老人ホーム△△△△		
事業所所在地	〒＊＊＊－＊＊＊＊　　○○県○○市○○○○○1-1-1		
職種	介護職員（特別養護老人ホーム）		
仕事の内容	特別養護老人ホームに入所の方（入所者50名）の介護業務（食事や入浴、排泄の介助他）、レクリエーション等の支援。 ※制服の貸与あり ※初めての方やブランクのある方も歓迎（研修・指導あり）		
学歴	高卒以上		
必要な経験等	不問　※経験あれば尚可		
必要な免許・資格	介護職員初任者研修（旧ホームヘルパー2級）以上 ※介護福祉士あれば尚可		
雇用形態	正職員	雇用形態	雇用期間の定めなし
就業場所	事業所所在地と同じ（転勤の可能性なし） ○○○線○○駅　下車徒歩5分		
採用	2名	年齢	不問（定年あり一律60歳）
就業時間	変形1か月単位（起算日月の初日） ①7：00～16：00、②9：00～18：00、③10：30～19：30（休憩60分） ※夜勤あり（月4回程度）16：30～9：30（休憩120分） ※時間外あり（月平均5時間程度）		
休日等	ローテーション勤務（休日数　年間115日） ※夏季・冬季休暇あり		
加入保険等	雇用・労災・健康・厚生		
従業員数	就業場所40名 （内、パート10名）	年齢	不問 （定年あり一律60歳、再雇用あり70歳まで）
給与	・日給月給　基本給　170,000円～220,000円 ・家族手当　（配偶者）5,000円、（子）3,000円／人 ・資格手当あり（介護福祉士資格：10,000円など規程による） ・夜勤手当　5,000円／回 ・通勤手当　実費支給（上限　月額20,000円）		
賞与	年3回　基本給の3.5か月 　　　　（昨年度実績） 初年度は1か月分	退職金	退職金制度有 （退職金規程による）
昇給	年1回（7月／キャリアパス規程による）		
特記事項	・家庭や育児の都合に合わせて、勤務時間は相談に応じます。 　（産休・育休取得実績有。子育て支援制度（短時間正社員制度、託児施設使用料一部負担制度）有） ・職員育成制度がありますので、初めての方も安心です。 　（キャリアパス対応の職員研修体系有） ・資格取得支援制度（費用半額負担・休暇付与）あります。 ・試用期間3か月（同条件、夜勤なし） ・応募は電話の上、書類（履歴書・職務経歴書）を送付ください。 　書類選考後、面接選考、面接後7日程度で最終結果を通知します。 　応募書類は返却いたします。 ・ご不明な点はお気軽にご相談ください。 　採用担当　　TEL：＊＊＊－＊＊＊＊－＊＊＊＊ 　　　　　　　URL：http://＊＊＊＊＊＊＊＊＊＊＊＊＊＊＊＊.＊＊.jp		

第4章

書類審査と面接

1 書類審査のポイント

　通常書類審査を行う場合、履歴書、職務経歴書の内容から面接に呼ぶか否かの判断や、面接で聞くべき事項の洗い出しをすることになります。そのため、採用担当者の多くはこの段階で、応募者の年齢、性別、学歴、職歴（募集職務を担当できそうか）、転職の回数（定着性の確認）、保有している資格、結婚の有無、扶養家族の有無等（以下「通常応募書類から読み取れる事項」という）を確認しています。
　一方、最近の市販の履歴書には、結婚の有無、扶養家族の有無の記載欄がないものもあります。また、パソコンで作成した履歴書が多く、自筆の履歴書なら読み取れる情報が表面的なものになってしまっている場合も多いようです。
　それでは、どのようにすれば、必要な情報を少しでも多く収集し、採用の合否判定や、採用後の指導育成に活かしていくことができるかについて、中途採用を例に見ていきます。
　まず、履歴書から「何を読み取るか」についてですが、その前提として、求人をかける段階で、応募に当たっては自筆の履歴書を提出してもらうことが必要となります。この自筆の履歴書からは、前述した「通常書類から読み取れる事項」以外に次の事項を読み取ることができます。

（1）書類を仕上げる集中力はあるか

　言い尽くされていることではありますが、履歴書を1枚書き上げるためには20～30分の時間を要します。履歴書の途中または最後

で文字が乱れている場合には、その時間内で書類を書き上げるための集中力がないという可能性があります。

　介護業務は、事務的な作業も多いので、不安な場合には、簡単な事務能力検査（市販）を用いて確認する方法もあります。

（2）相手から自分がどう見られているかを意識できるか

　履歴書の写真が実物よりも写りが悪い場合、外見や第一印象をあまり気にしない人が多いようです。このような人を対人関係の業務に就かせる場合には注意が必要です。また、写真が書類審査のうえで重要だということを認識しないなど、無頓着、または、仕事上でもあまり物事を深く考えない場合があります。

（3）誤字、脱字、略字が見られるか

　通常、どうしても採用されたいと思う場合には、応募書類は真剣に書くものです。そのような場合、見直しをして誤字や脱字、略字のないことを確認しますが、まだ、本気で就職しようと思っていない場合や、いい加減な気持ちの場合には、見直しを疎かにすることがあります。そもそも、漢字があまり書けない場合や、わからない漢字を辞書等で調べる習慣がまったくない場合もあります。このような人は、仕事に就いてから、記録や報告書をきちんと書けるのか不安が残ります。

（4）記入年月日、志望動機を書いてあるか

　記入年月日、志望動機を書いていない場合には、履歴書を使い回

していることが想定されます。いろんな会社に応募しても決まらず、戻された履歴書をまた別の応募に使うといったケースです。そこから、なかなか採用されない人物であることと、採用してもらうという大事な目的に全力を尽くすというよりも、自分の作業の容易さを優先して考えるパーソナリティが浮かんできます。

　次に、記入年月日が単にうっかりで抜けている場合が想定されます。誤字、脱字にもいえることですが、うっかり間違える、うっかり抜けるといったことは行動ではなく性格ですから、なかなか治らないので気をつける必要があります。ただ、うっかりした性格の人は、明るくて感じがよいことも多いので、職種を考えて採用されるとよいでしょう。

　上記以外で志望動機を書いていない場合として、応募先について何も調べず、どこでもよいから就職したい、単に今の勤め先を辞めたい、といった場合が考えられますのでご注意ください。

（5）電話の応対はできているか

　書類審査とは少し違いますが、応募の段階から確認すべき事項として、電話の応対があります。応募要項に「電話連絡のうえ、履歴書送付」としておき、応募の電話をもらいます。

　この段階は、採用選考前なので、普段と変わらぬ状況で電話をしてくる人も多くいますので、挨拶ができなかったり、感じが悪かったり、こちらからの簡単な質問に答えられなかったりといったことを確認することができます。この段階での電話応対が悪かった場合、入社後、上司や同僚がいない中での電話応対等に不安が残ります。その場合には、採用後、電話応対に関する教育訓練（心構えを含む）をしっかり行う必要があるでしょう。

以上のことを踏まえたうえで、応募書類（応募段階）のチェック表を作り、その都度確認するとよいでしょう。

2 面接前に押さえておきたいポイント

　面接について解説する前に、介護事業の採用において注意すべき事項についてまとめました。

（1）創業時、施設の新設時に応募してくる人に注意する

　介護事業所の創業時、施設の新設時に応募してくる人の中には、前の職場でうまくいかなかった原因が自分にあるのではなく、周りの人のレベル（意識、技能）が低いことが理由であると考え、新設であれば自分の思うとおりにできると考えている人が時々見受けられます。

　このような人は、一見、積極的でやる気があるように見えますが、自分の思いどおりにならないと気が済まない、コミュニケーション能力が低いといった傾向が見られます。

　このような人が何人か集まると、お互いが自分の正しさを主張し合うようになり、その結果、事業所内に不和の原因となる派閥が生じ、感じのよい事業所や前向きな風土とはかけ離れた職場となることがありますので注意してください。見極め方としては、次の3点を確認しておく必要があります。

　①協調性：仲間とうまくやっていこうとする意識と行動
　②共感性：相手の立場に立って相手を理解しようとする意識と行動
　③親和性：人のためにしてあげたいと思う意識と行動

　これらは、ベテランの採用担当者であれば面接である程度把握す

ることができますが、難しい場合には、CUBIC等の適性検査を使うとよいでしょう。

　CUBICとは、(株)エージーピー行動科学分析研究所を中心に開発された人材を多面的に診断するソフトです。ウェブ上でも安価で販売されており、利用しやすいため、中小企業を中心にかなり普及しています。

　特に採用適性検査については、意欲や定着性といった面接では判断しにくい要素を数値でわかりやすく客観的に測定することができますし、その他、指導性、自主性、積極性、協調性、責任感等必要な項目についても数値で客観的に測定することができます。

(2) すぐに辞めてしまう人を採用しない

　介護業界で働く人は、採用された事業所に勤めるというよりも、介護業界に勤めるといった意識が高いといえます。そのため、せっかく就職した事業所でも、少し気に入らないとすぐに転職してしまうことがよくあります。50歳代でも資格や経験があれば転職が可能な特殊な業界であることも理由の一つかもしれません。それゆえに定着性（やめないこと）の確認が重要です。

　余談ではありますが、「うちの会社はすぐに人が辞める」と嘆かれる社長や採用担当者にお会いすることがよくあります。私はこれまで千人以上の採用や採用サポートに関わってきており、その経験からすれば、辞める人の7割以上は本人に原因があると考えられます。会社の受け入れ態勢の問題というよりも、そもそも「辞めやすい人」を採用してしまっている採用力の問題だといえるかもしれません。

　十分に準備し面接を行ったとしても、残念ながら、やる気（勤労

意欲）と定着性は面接ではなかなかわかりません。ベテランの面接官の中には見抜ける人がいるかもしれませんが、少なくとも筆者にはズバリ見抜く自信がありません。

そもそも、面接の中で「頑張ります」といっていることが「うそ」であれば面接官は見抜くことができます。しかし、本人が心の底からそう思っていたら、仮にその人の「精一杯頑張る」のレベルが低くても面接官にはわかりません。

また、定着性についても面接で見極めるのは難しいといえます。初めての転職でも、そもそも本人が定着性が低い（辞めやすい）人であったけれどもよい職場に恵まれたので勤務が継続していた場合があります。一方、定着性が高い（辞めにくい）人であったけれども職場に恵まれず転職が多い場合もあります。どちらも、「今度は、頑張って長く働きます」といった場合には、面接から見極めるのは難しいでしょう。

それでは、採用にあたり最も重要な「やる気のある人」で「辞めない人」を見極めるには、どうすればよいのでしょうか。その場合には、CUBIC等の適性検査での見極めをお勧めします。意欲（勤労意欲）の高い人は、働くことそのものが喜びです。意欲の低い人は、給料をもらうために仕方なく働きます。この違いは、長い目で見るときわめて大きな差として表れてきます。また、どんなに能力が高くても、すぐに辞めてしまう人を優秀とはいいません。介護事業での一番の人手不足対策は、辞めるスタッフを減らす（なくす）ことですので、定着性は非常に重要です。

（3）リーダーや管理職に向くかを見極める

もう一つ、面接の前に押さえておきたいことがありますので、そ

れについて簡単に触れておきます。

 介護事業では、プレイヤーとしては優秀だった人が、リーダーや管理職になった途端に自信をなくしたり、実力を出せなくなったり、場合によっては退職したり、うつ気味になったりといったケースがよく見受けられます。これは、介護業界で働く（働こうとしている）人には、人のために何かしてあげることに喜びを感じるような優しい人が多いのですが、優れたリーダーシップやマネジメント能力までは持ち合わせていないことが多く、なかなか自信を持てないということが理由として考えられます。そこで、リーダーや管理職を募集する場合は、リーダーや管理職に就ける人材かどうか、採用時にCUBIC等の採用適正検査を用いるなどして自己信頼性（自信）等の要素を見極めておくとよいでしょう。

（4）妥協的な採用は絶対避ける

 介護事業に関わらず、多くの労働トラブルの直接的または間接的原因となるのが妥協的な採用です。急な退職により資格者が配置基準に満たない、何より人が足りないといったことを理由に、仕方ないから本来採用できるレベルにない人を妥協して採用することで、多くの問題が始まります。当然、採用基準に満たない人を採用すれば、現場に配属後、多くの注意や指導をすることとなります。一方、本人は採用基準に満たないが妥協で採用されたなどとは知りませんので、どうして自分だけが注意されるのか納得がいかないという状況が起こります。その結果、指導をパワーハラスメントと誤解したり、退職の問題に発展することとなります。

 これを避けるには人が辞めてから採用する「補充採用」から計画的に人材を採用していく「計画採用」に切り換えていくことが不可

欠です。さらに、簡単に辞めない人材の採用が重要といえます。
　なお、創業時、施設の新設時にはたくさんの応募がありますが、2度目の募集からは応募者が激減するので、初回は少し多めの採用が望ましいといえます。

3 面接のポイント

　次に、採用選考において最も重要な面接について解説していきます。

（1）面接で確認すべき事項の整理

　筆者が、介護事業所の採用を支援する際に一様に言われるのが、「面接で何を聞いたらよいかわからない」「面接での効果的な質問を教えてほしい」ということです。
　このような場合には、入職志願票（志望動機等面接で聞く事項を事前に書いてもらう用紙）の作成をお勧めしています。方法としては、まず、面接で聞いてみたいことを洗い出してまとめてもらいます。

■1 入職志願票を提出してもらう

　入職志願票に共通で入れたいのは、下記のような「人柄、価値観を確認できる事項」です。
　・前職、前々職での退職の理由
　・前職、前々職で身についたこと
　・介護業界および当事業所を志望の理由
　・どういう事業主と一緒に働いてみたいと思いますか

　また、新規卒業者や若年者の場合、伸びしろを確認できる項目を入れて作成します。
　入職志願票の使い方は、面接前に時間を設けてその場で記入して

もらって回収し、それをもとに面接をしていきます。本人の手元には、入職志願票は残りませんので、「うそ」や「いい加減なこと」を書いた場合には入職志願票と面接での答えが違ったりしますので誠実性も確認することができます。

❷健康状況申告書等を提出してもらう

　最近はメンタル面に不調等を抱えた応募者が増えています。そういった事情もあり、面接段階で健康状況を把握したいと希望する事業所も数多くあります。

　基本的に、メンタル面の健康状況については採用段階で聞いてはいけない項目には該当しませんので面接での確認が可能です。他に確認したい健康状況を加えて健康状況申告書等を作成し、応募者に提出してもらうとよいでしょう。

　なお、メンタルヘルスに関して申告してもらう事項の例は次のようなものです。

　①就業するに当たって、健康上特に留意する点がありますか？
　　また、心身の慢性的な疾病、障害がありますか？
　②過去に入院または1か月以上の通院を要する病歴（心身）・けが（入院・手術を要するもの等）がありますか？
　③現在、通院している心身の病気はありますか？　等々

　面接で確認すべき最も重要なことは、その応募者と一緒に働いてみたいと思えるかどうかの確認です。介護事業での採用に数多く関わってきて思うのは、せっかく入職してもすぐに辞めてしまう人や入職しても周りとうまくやれない人が少なくないことです。採用担当者や面接に関わる事業主が一緒に働いてみたいと思えない人であれば、現場の職員も同様です。「人柄、価値観を確認できる事項」

等をもとにしっかり検討することが重要です。

(2) 新規卒業者採用の場合のポイント

　ここまで、主に中途採用について触れてきましたが、新規卒業者採用で必要なことについて少し触れてみます。具体的には、「伸びしろ」の確認です。もちろん、やる気（意欲）や定着性（辞めない）、素直さや基本的なコミュニケーション能力（正しく聞く、正しく伝える）は大事ですが、それ以外に順調に伸びるかどうかは気になるものです。有名なある企業グループでは、新規卒業者の採用は「伸びしろ」を最も重視しています。具体的には困難を乗り越えたり、高い目標などを達成した経験について聞くことです。これまでの人生で本人が最も頑張って乗り越えたというものを確認していくと、その人の目標の高さやその人にできる努力の度合いを推し量ることができます。この目標レベルの高さやそこに向けた努力の程度こそが、その人の伸びしろの大きさだといわれています。これについても、入職志願票の項目の一つに入れ込んでみるとよいでしょう。

(3) 面接の様子から被面接者の内面を探る

　面接では、受け答えの内容だけでなく、それがどのように行われたか、しぐさなどの確認も重要です。以下にチェックするポイントを挙げます。

◼︎1 座り方、姿勢はどうか

　人は興味がある話の場合には、きれいな姿勢で座るかやや前かがみになっていきます。ここから、意欲的に面接に臨んでいるかを見

極めることができます。一方、興味が薄い話や受け身の姿勢で臨んでいる場合にはやや後ろに下がったり、面接官との距離が開いたりします。

2 話をしている時の目線はどうか

　面接時の内面の様子は、相手の目を見ながら判断していくことになります。基本は目を見て話をしているか、落ち着いているかを確認していくことになります。

　その際に面接官が2人いる場合には、被面接者に質問をしていないときは、相手の目の動きと口元を見ておきます。答えにくい質問に対して適当に答えた場合には、目が泳ぐことが多くあります（答えが嘘とまではいいませんが、聞かれたくない質問に事実とは違う答えをした可能性が高いです）。一般的には、その質問を上手に切り抜けられたと本人が思った場合、口元が緩みます。面接することに慣れてきたらそのあたりまで分業で意識して見ていくとよいでしょう。

3 話の語尾はどうか

　面接の話し方から探れるものとして、当事者意識の有無があります。語尾を「何々のようですね」「何々かもしれませんね」といった他人事のような言い方を頻繁にする場合、物事を自分のこととして捉えていない人がほとんどです。できれば、自分のこととして責任をもって物事に当たるといういわゆる「当事者意識」をもっている人を採用したいので、そのような面があるかどうか見極めるには「語尾を言いきっているか」を確認していくとよいでしょう。

❹お互いの理解よりも先に条件から入ってくる

　採用面接はよくお見合いにたとえられます。お互いに、相手を知ることから初めて、一緒にやっていく相手としてふさわしいかを一つずつ確認していくことが重要です。

　まず、介護事業の採用では、「人柄がよい人を採用する」ことが重要です。介護職の場合、技能は未熟であっても、一定期間で、ある程度育成を図ることができます。

　一方、「人柄のよくない人」を採用した場合、現場は、長期間にわたり対人関係で苦労することになります。ただ、なかなか人柄まではわからないという場合は、感覚的ですが、「この人と一緒に働いてみたいと思えるかどうか」という点を重視して面接を進めてください。

　次に、最初から労働条件で就職先を決めようとする人の場合、よりよい条件を提示した会社が他にあればすぐにそちらに移る可能性が高まります。

　これに対応するためには、面接は１回ではなく２回以上行ったうえで採用に至る必要があります。１回目は、まず相手を知り、相手にもこちらを知ってもらいます（できれば、相手にこちらを好きになってもらう）。２回目は、１回目の面接の結果、確認しておきたいことを聞き、その後に労働条件を提示していくという方法です。このような複数回の面接を行う前提としては、計画的な採用であること（少なくとも、今すぐ採らなければならない補充採用ではないこと）が重要です。なお、採用後にすぐに辞めさせないためにも、複数回の面接を通して採用担当者と応募者の信頼関係を築いていくことも大切です。

(4) 評価にばらつきを起こさない

❶面接票を有効に活用する

　実際の面接で、たくさんの応募者がいる場合には、数日間にわたって面接を行うことがあります。その際に気をつけなければならないのは、評価にばらつきを起こさないということです。確実によい人材の採用選考を行うためには、面接票の活用が有効になります。また、面接票の副次的効果として一目惚れ（どこかよいところがあると全部がよく見えてしまう状況）の防止が挙げられます。面接では素晴らしい印象だったのに面接票に記入してみたら点数が低かった場合などは一目惚れの可能性がありますので、その場合には必ずもう一度面接を行ってみる（会ってみる）ことが必要です。

　ところで、面接票の項目として、筆者は各項目の評定項目を設け、それぞれに着眼点を設定して評定する形をお勧めしています。この際に、入職志願票の質問項目と連動するように面接票を作っていきます。

　図表4-3-1に面接票の例を掲載しました。例を参考にして、自事業所に適した面接票を作成してください。

❷面接票を運用する

　面接票の運用をわかりやすく行うためには、まず、最初の3人位までの被面接者の中で最もよい応募者を基準とするとよいでしょう。その後の面接では、項目ごとにその人と比較して点数をつけることにより比較的ぶれのない評価ができます。

【図表4-3-1】面接票（新規卒業者）の例

評定項目	着眼点	評定所見
容姿 態度	・ハキハキした対応ぶりか。 ・明朗、上品な表情、態度か。 ・服装、身だしなみは健康的か。 ・動作、態度、礼儀は好感が持てるか。 ・一緒に働いてみたいと思えるか。	5 4 3 2 1
理解力 表現力	・質問の要点を的確に把握したか。 ・応答は的確か、早かったか。 ・自己の考え方をわかりやすく説明したか。 ・志望動機をしっかり話すことができたか。 ・志望動機は、納得できうるものか。	5 4 3 2 1
社会性	・同僚とよく調和し、円滑な職場生活ができそうか。 ・学校生活で孤立してこなかったか。 ・社風に溶け込めそうか。	5 4 3 2 1
協調性	・他人への思いやりに欠けていないか。 ・原則にこだわり過ぎるところはないか。 ・自己主張が強すぎないか。融通は利くか。	5 4 3 2 1
積極性	・やったことのないことも気軽に挑戦していくタイプか。 ・物事に積極的にあたる熱意はあるか。 ・今または、現状以上にといった姿勢、意欲はあるか。	5 4 3 2 1
コミュニケーション能力	・正しく聞き、正しく伝えることができるか。 ・聞き手の受け止め方を確認しながら話をしているか。 ・笑顔や柔らかい表情を作り出せるか。	5 4 3 2 1
伸びしろ	・すぐに取り掛かる習慣はできているか。 ・期限を守る意識は強いか。 ・先延ばし意識（モラトリアム）はないか。 ・乗り越え体験は十分か（自分のOKレベルは高いか）。	10 8 6 4 2
知識・常識	・基礎知識、常識のレベルは、採用できるレベルか。	10 8 6 4 2

※配点は任意です。事業所として、重要と考える項目の配分を高くすることで、事業所の採用判断の基準に面接票を近づけることができます。

第4章　書類審査と面接

第5章

採用後の労務管理

1 採用のときの注意点と労働条件の明示

　介護事業所に関わらず採用時に労働条件を明示しないことが原因となり、採用後にトラブルが生じているケースが多く見受けられます。また、最近の介護職への求職者不足からやむをえず採用してしまった職員が問題を起こすことも多いようです。そうしたことのないように、採用時に労働条件を伝えることが大切です。

　では、その伝えるべき労働条件にはどのようなものがあるのでしょう。労働基準法における「労働条件」とは、賃金、労働時間はもちろんのこと、解雇、災害補償、安全衛生、寄宿舎等に関する条件をすべて含む労働者の職場における一切の待遇をいうとされており、賃金や労働時間等のほかにも、福利厚生や教育に関する事項、社会保険への加入の有無、業務に必要な事項なども含まれることになります。

　また、労働基準法第15条では、労働条件の明示が義務づけられており、その違反に対しては罰則が設けられています。

> 労働基準法第15条（労働条件の明示）
> 使用者は、労働契約の締結に際し、労働者に対して賃金、労働時間その他の労働条件を明示しなければならない。この場合において、賃金及び労働時間に関する事項その他の厚生労働省令で定める事項については、厚生労働省令で定める方法により明示しなければならない。

　なお、正職員以外のパート職員等については、上記の正職員の明

示事項に加えて「昇給」「退職手当」「賞与」の有無についても書面による明示が必要になりますので注意が必要です（短時間労働者の雇用管理の改善等に関する法律第６条）。

　では、労働条件の通知を書面で交わしたり、雇用契約書を交わしたりしなければ、労働契約は成立しないのかという相談を受けることがあります。労働契約は、そもそも会社と職員間の口頭による場合であっても成立します。要するに口約束であったとしても、契約は成立してしまうのです。その結果、会社と職員との間で、誤解が生じた状態のままで働くことになり、後にトラブルが起こってしまうのはよくあることです。だからこそ、書面による明示が必要なのです。

2 労働条件通知書と雇用契約書の違い

　労働基準法で定められる労働条件の通知は、労働条件通知書または雇用契約書で行われます。では、通知書と契約書の違いはどのようなものでしょうか。一般的に労働条件通知書では、会社が採用した職員に対し、一方的に通知を行う文書になります。一方、雇用契約書は、労働条件の通知を行った職員に署名捺印を求めることにより、双方が労働条件の内容に関して確認を行ったということの証明になります。トラブルを防止するために確認を行ったという証拠を残したいということであれば雇用契約書を勧めますが、労働条件通知書であったとしても何ら法的に問題は生じません。また、その両方の特徴をあわせ持った労働条件通知書兼雇用契約書の作成例（図表5-2-1）があるのでそれをご参照ください。

　介護職員は女性が中心の職場です。家庭的な事情などから働くにあたりいろいろな希望や条件を職員側がもっているケースが多く見受けられますが、採用時にそれらすべてを会社に伝えることが難しいことも予想されます。そのため、会社はそういった事情を事前に一つひとつ聞いておくことも必要です。また、残業や配置転換などが可能であるのかを双方で話し合うことにより確認しておくことも重要です。

【図表5-2-1】労働条件通知書兼雇用契約書の作成例

(居宅介護サービス従事者用・期間の定めあり)

雇用形態(有期常勤職員・パートタイマー・非常勤職員・契約職員・臨時雇用・そのほか)(注1)

労働条件通知書兼雇用契約書(サンプル)(注2)

契約期間	期間の定めあり(平成　年　月　日　~　平成　年　月　日)
通算契約期間	本雇用契約に基づく契約開始日(平成　年　月　日)で通算　年　か月　日目(注3)
就業の場所	※非定型的パートヘルパーの場合には、「別途勤務表で明示します」と記載
従事すべき業務の内容	※非定型的パートヘルパーの場合には、「別途勤務表で明示します」と記載
始業・終業の時刻、休憩時間、就業時転換、所定時間外労働の有無に関する事項	1. 始業・終業の時刻等 　① 始業：　時　分　終業：　時　分　実労働時間：　時間　分 　※ 確定的には、毎月のスケジュール表で明示する。 　※ 訪問先への直行・直帰の場合は、訪問先到着時刻、訪問先退出時刻とする。(注4) 2. 休憩時間 　1の始業・終業時刻の間に　分間 3. 所定時間外労働(有　1日　時間、1週　時間、1か月　時間)・無 　このうち法定時間外労働(1日8時間、1週40時間を超えるもの)・無 4. 休日労働 　所定休日の労働(有　1か月　日)・無 　このうち法定休日の労働(有　1か月　日)・無 　※ 非定型的パートヘルパーの場合には、「別途勤務表で明示します」と記載
休日	定例日：毎週　曜日、その他：4週間を通じ4日以上(注5) 　※ ただし、毎月のスケジュールにより決定し明示する。なお、これを事前に振替変更することがある。
休暇	1. 年次有給休暇6か月継続勤務した場合→　日 　　　　　　　　6か月内の有給休暇(有、無)→　日 2. その他の休暇　有給(　日)無給(　日)(注6)
賃金	1. 基本賃金 　① 時間給　円　② 日給　円　③ 月給　円　※移動時間=1時間　円基準 2. 諸手当の額及び計算方法 　①(　　手当　円/計算方法：支給要件等は賃金規則による) 　②(　　手当　円/計算方法：支給要件等は賃金規則による) 3. 所定時間外、休日又は深夜労働に対して支払われる割増賃金率 　時間外労働―所定時間外(割増などの有　　%、法定時間外(125%) 　休日労働┬所定休日┬1週40時間を超える場合(その時間につき125%) 　　　　　│　　　　└1週40時間以内(割増なし、休日出勤手当として1回　円) 　　　　　└法定休日(休日出勤時間につき135%) 　深夜労働(25%加算) 4. 賃金締切日　毎月　日、　5. 賃金支払日　毎月　日 6. 労使協定に基づく賃金支払時の控除(無・有(　　　)) 7. 昇給(有(時期等　)、無または契約更新時の賃金の変更(有・無)) 8. 賞与(有(時期、金額等　)、無) 9. 退職金(有(時期、金額等　)、無　　)(注7)
退職・解雇に関する事項	1. 更新の上限(　有(具体的には　　　まで)、　無)(注8) 2. 自己都合退職の手続(退職する　日以上前に届け出ること) 3. 解雇の事由及び手続(就業規則第　条~第　条による。)
労働契約期間の更新の有無及び判断基準	1. 更新の有無　① 更新しない　　② 更新することがある　　③ 自動的に更新する 2. 上記②の場合の更新・雇止めの判断基準(注9) 　契約更新は上記基準を考慮して判断し、更新時に労働条件を変更することがある。
その他	・社会保険の適用　厚生年金(有・無)、健康保険(有・無)、厚生年金基金(有・無) ・雇用保険の適用(有・無)　　・その他の保険(有・無) ・その他の福利厚生

第5章　採用後の労務管理

上記の通り、労働基準法第15条に基づき労働条件を明示し、同内容にて雇用契約を締結する。本契約書は甲乙1部ずつ作成し、各々で保管する。

　　平成　　　年　　　月　　　日

　　　　　　　　　　　　　　　　　　　　　事業主(甲)　　　　　　　　　　　　　㊞

　　　　　　　　　　　　　　　　　　　　　労働者(乙)　　　　　　　　　　　　　㊞

注1　「雇用形態」
　● 該当する雇用形態いずれかにOをしてください。該当する雇用形態がない場合は、その雇用形態を記載してください。
注2　契約内容はあくまで例示です。実際の契約内容は、各事業所にて決定してください。
注3　「通算契約期間」
　● 通算契約期間について、事業主と有期契約労働者が認識を共有できるようにするため記載することが望ましいでしょう。
注4　「始業・終業の時刻」
　● 「詳細は、就業規則第○条〜第○条の労働時間の定めによる。」とすることや、「就業規則第○条 ： 勤務時間表の明示等の定めによる。」とすることもできます。
注5　「休日」
　● 「就業規則第○条〜第○条の休日の定めによる」とすることや、「上記に従い毎月○日までに翌月のスケジュールを文書で明示する。」とすることもできます。
注6　「休暇」
　● 「その他の休暇については就業規則第○条：休暇の定めによる。」とすることもできます。
注7　「賃金」
　● 「賃金の支払、計算方法、控除、昇給、賞与については賃金規則の定めにより、退職金については退職金規則の定めによる。」とすることもできます。
注8　「退職・解雇に関する事項」
　● 新たに雇用契約を締結する際の雇止め時のトラブル防止策として、あらかじめ有期労働契約の更新回数に上限を設けておくことは有効です。
注9　「労働契約期間の更新の有無及び判断基準」
　● 次期更新について、業務の見通し（次期介護訪問先の状況）、法令通達等の変更等、経営状況、介護内容、本人の勤務成績、業務遂行状況、健康状態等と本人の希望を総合的に判断して、期間満了1か月前に次期更新の有無及び賃金（増減変更があります）等の労働条件を通知します。

出典：公益財団法人介護労働安定センター「雇用管理改善のための業務推進マニュアル」

3 採用時の その他の必要書類

(1) 誓約書を準備する

　採用時には会社の理念や方針を職員が遵守するよう誓約書を取り交わします。あわせて、就業規則の服務規律や懲戒に関する規定を確認してもらい、労働条件通知書により労働条件を通知します。採用時に必要書類の取り交わして丁寧に説明を行うことは、立派な入職教育となります。入職時に、こういうふうに働いてほしい、こうしたことはしないでほしいということを具体的に伝えておくことにより、その後の労務管理のしやすさにつながります。万が一、伝えてあったことを破った職員がいた場合に、その取り交わしてあった書面を見せて注意することにより大きな効果があり、また記録としても残すことができます。

　誓約書の内容についてですが、次のような項目を盛り込むとよいでしょう。77ページ**図表5-3-1**の作成例も参照してください。

❶服務規程の遵守

　就業規則や服務に関する諸規定、業務命令、上長の指示命令に従い誠実に勤務することを誓約させます。入職時に職場のルールを確認させることが大切です。

❷経歴・資格の確認

　採用時に提出された職務経歴書、保有資格などについて偽りがないことを誓約させます。介護事業の場合は、その人の経歴や保有す

る資格を条件に採用するケースが多いので重要です。

❸ 秘密保持

　会社の営業情報や、業務上知り得た利用者またはその家族の秘密を洩らさないことを誓約してもらいます。職員に対して秘密保持に関する措置を講じているか否かについて、実地指導や監査の際に確認を求められることがありますので、必ず記載するようにしましょう。

❹ 損害賠償

　故意または過失により会社に損害を与えた場合、その責任を負うことを誓約してもらいます。実際に損害賠償をさせるというよりも、禁止行為の抑止につながります。

【図表5-3-1】誓約書の作成例

誓約書

社会福祉法人〇〇〇会
理事長〇〇〇〇殿

　私は、貴法人に採用され職員として入職するにあたり、下記事項について誓約致します。

1　貴法人の就業規則その他諸規定を守り、上長の指示に従い、誠実に勤務します。

2　貴法人の本旨を理解し、サービス利用者及びその関係者の福祉のために親切かつ適切な業務を遂行します。

3　履歴書及び職務経歴書の記載事項にうそ偽りがないことを約束致します。

4　貴法人の秘密情報、サービス利用者及びその家族の秘密、個人情報等について、在職中はもとより、退職後も、貴法人の許可なく、いかなる方法をもってしても、開示、漏えいもしくは使用しないことを約束致します。

5　貴法人職員としての体面を汚すような行為（セクシュアルハラスメント等を含む）、社会に迷惑を及ぼすような行為を事業所内・外において行わないことを約束致します。

6　勤務内容の変更、職種の転換、勤務場所の異動等について、貴法人の指示に従います。

7　故意又は重大な過失により貴法人またはサービス利用者に損害を与えた場合は、その損害について賠償の責任を負います。

8　私は、貴法人が、人事労務・賃金管理及び介護業務（利用者等への報告広報等を含む）等の目的を達成するに必要な範囲で、私及び私の家族に対する個人情報を取得し、利用することを承諾します。

平成　　年　　月　　日

職員氏名　〇〇　〇〇　印

出典：公益財団法人介護労働安定センター「雇用管理改善のための業務推進マニュアル」

（2）秘密保持誓約書を準備する

　誓約書にも秘密保持に関する事項はありますが、介護職員が扱う個人情報は、全般的にセンシティブな情報が多く含まれています。このため、より詳細な定めが必要な場合に、入職時に秘密保持について誓約してもらいます。誓約書を取り交わす際に、何が秘密であるのかを具体的に伝えておくとよいでしょう。秘密保持誓約書の内容は次のようになります。

1 秘密保持の誓約
　在職中に知り得るすべての個人情報が秘密であり、その取り扱いには十分な注意を払うとともに、事務所の許可なく所外に持ち出したり、他に漏らしたりすることのないよう誓約してもらいます。

2 退職後の秘密保持
　事業所を退職することになった場合に、その職員が保持している事業所の秘密情報と記録媒体のすべてを会社に返還し、一切の秘密が手元に残っていないことを誓約してもらいます。

3 損害賠償
　秘密漏洩が実際に起こってしまったときには、介護事業所にとって大きな信用問題となります。漏洩により会社に損害を与えた場合には、損害賠償請求、刑事告訴などの法的な処分をとる場合があることなどを十分に理解してもらいます。

4 試用期間の意味と取り扱い

(1) 試用期間を正しく理解する

　試用期間というと本採用前の期間で解雇してもよい期間と解釈されることがありますが、それは間違いです。試用期間中であったとしても、労働契約法第16条により「客観的に合理的な理由を欠き、社会通念上相当であると認められない場合は、その権利を濫用したものとして無効とする」となります。また、試用期間中の者で就労開始日から14日以内に解雇しようとする場合は、解雇予告または解雇予告手当の支払いを必要としない（労働基準法第20条、第21条より）とされていますが、合理的な理由までもがまったく不要とされているわけではありません。

　試用期間の意味は、採用当初は勤務態度、性格、能力、職場への適格性などを判断しづらいため、試用期間中において、その職員を評価する期間といったところでしょうか。具体的には、十分に調査や観察を行い、最終決定でその職員が事業所の求める水準にないと判断される場合は、本採用を拒否することができます。この場合、試用期間中は解約権が留保されているため、通常の解雇に比べると合理的理由の範囲は広いと考えられていますが、あらかじめ就業規則に本採用拒否の事由を定めておかなければなりません。健康状態が悪い、遅刻、早退、欠勤が多い、職員としてふさわしくないなどの理由では本採用後の解雇はできませんが、試用期間中であれば認められやすくなります。

(2) 試用期間を定める

　試用期間の長さは、一般的に2～6か月とする事業所が多く、なかには1年以上とするケースも見られます。労働基準法では、試用期間の長さについての法的な制限はありませんが、あまり長い期間とすることには問題があります。労働者にとっては試用期間中は身分が不安定ですから、必要以上に長い期間を設定するべきではありません。もし採用した人の年齢や担当業務などにより長い試用期間が必要であるということであれば、試用期間自体はあまり長くせずに、必要に応じて試用期間を延長する旨の規定を定めることもできます。たとえば、「新たに採用した者については、採用の日から3か月間を試用期間とする。ただし、試用期間中の職員の適格性を判断しづらい場合は、試用期間を延長することがある」としておきます。

(3) 試用契約を締結する

　入職当初から期間の定めのない「労働契約」を締結するのではなく、まず2～3か月程度の有期契約を締結して試用期間のように労働させている事業所があります。試用期間であれば本採用拒否ができるとはいえ解雇になりますが、有期契約とすれば、もしその職員に適格性がなければ期間満了で退職になります。ただし、判例では、試用的な雇用期間について、期間満了により労働契約が当然に終了する旨の明確な合意が当事者間に成立しているなどの特段の事情が認められる場合を除き、期間の定めのない労働契約における試用期間であると判断しています（神戸弘陵学園事件　1990年6月5日最高裁判決）。

　短期間の試用契約を締結する場合は、その期間が満了した時点で

いったんは退職扱いになるということを明示する必要があり、その後に期間の定めのない雇用契約を締結することになります。

第5章 採用後の労務管理

5 有期労働契約締結に当たっての注意点

(1) 無期労働契約への転換

改正労働契約法が、2013（平成25）年4月1日から施行されています。

今回の改正のポイントはいくつかありますが、まず期間の定めのない労働契約（無期労働契約）への転換（労働契約法第18条）があげられます。これからは、有期労働契約が繰り返し更新されて通算5年を超えたときは、労働者が労働契約の締結を申し込むことにより無期労働契約に転換されることになりました。

有期労働契約であれば、パート、アルバイト、契約職員、嘱託職

【図表5-5-1】無期転換の申し込みができる場合

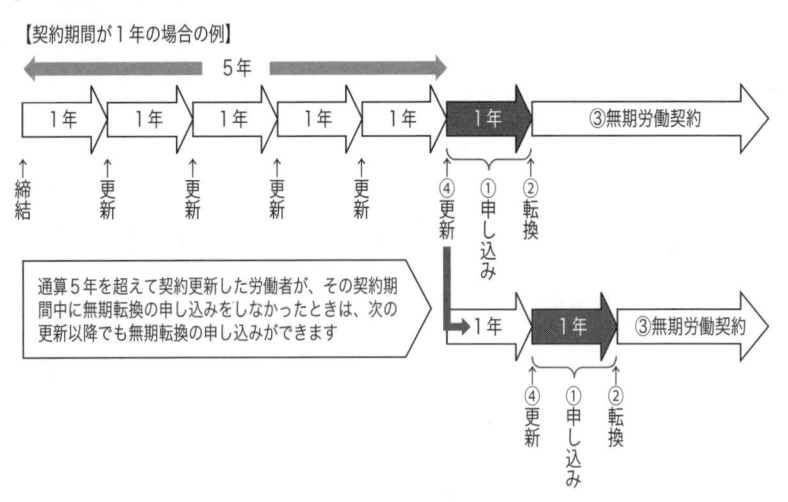

【契約期間が1年の場合の例】

← 5年 →

| 1年 | 1年 | 1年 | 1年 | 1年 | 1年 | ③無期労働契約 |

↑締結　↑更新　↑更新　↑更新　↑更新　④更新　①申し込み　②転換

通算5年を超えて契約更新した労働者が、その契約期間中に無期転換の申し込みをしなかったときは、次の更新以降でも無期転換の申し込みができます

→ 1年　1年　③無期労働契約

④更新　①申し込み　②転換

員など職場での名称に関わらず対象となります。また、その労働者からの申し込みを使用者は拒否することはできません。そして、申し込み期間中に行使しなかった場合でも、その後はいつでも権利行使することができます。

　ただし、有期契約労働者の退職等により、有期労働契約とその次の有期労働契約との間に、契約がない期間が６か月以上あるときは、その契約のない期間より前の有期労働契約は反復更新された契約期間とされません。これをクーリングといい、無期労働契約への転換に必要な通算された契約期間がリセットされます。

　この労働契約法第18条に基づく無期労働契約への転換後の労働契約ですが、正職員の労働契約と同一になるわけではありません。有期労働契約のうちの「期間の定めあり」が、「期間の定めなし」に変更されるだけであって、正職員に適用される賃金や退職金等までもが適用となるわけではないということです。しかし、無期労働契約へ転換された職員に適用される就業規則がないと、正職員用の就業規則を適用されることも考えられるので、転換後に適用される規程等の準備をしておく必要があります。

　介護事業所では、パート職員等を有期契約で雇用している場合が多く見受けられます。改正内容を正しく理解し、適切に対応する必要があります。

（２）雇い止めが認められない場合

　最高裁判例で確立された「雇い止め法理」が、そのままの内容で法律に規定されました。「雇い止め」とは、有期労働契約の労働者を契約更新せずに期間満了時に退職させることをいいます。一定の場合には、使用者による雇い止めが認められないことになります。

その一定の場合とは、無期労働契約と実質的に異ならない状態にあることをいいます。つまり、期間満了ごとに労働契約書を取り交わすことなく更新を重ねていたり、期間満了後もその職員が引き続き雇用されるものと期待することに合理性が認められたりする場合をいいます。

　雇い止めが認められない場合は、同一の労働条件で労働契約が更新されたものとみなされます。有期契約労働者の雇い止めを行う場合には、契約更新回数や通算契約期間が長期にわたっていないか、契約更新手続きが形骸化していないか、日頃から有期契約労働者に対して契約更新を期待させる言動をとっていないかなどに注意する必要があります。

　「雇い止め」は「解雇」ではありませんので、雇い止めに当たりその理由は必要ありません。ただし、無期労働契約と実質的に異ならない状態にある雇い止めの場合には、解雇と同じように「客観的に合理的な理由を欠き、社会通念上相当であると認められない場合は、その権利を濫用したものとして、無効とする」（労働契約法第16条）となります。

6 長く働いてもらうために

　近年、介護職員の慢性的な人手不足が続いています。他業種に比べて圧倒的に高い求人倍率が示しているように採用は非常に困難な状態となっており、それにあわせて離職率が高いのも介護事業の特徴になっています。公益財団法人介護労働安定センターの調査によると、介護職員の離職率が18.3％超といわれている現状における介護職員の労働条件等の不満では、「仕事内容のわりに賃金が低い」が最も多くなっています。しかしながら、退職理由では、「施設・事業所の理念・運営に不満」「職場の人間関係」の２項目で約半数を占めています。労働条件は、どこの事業所で働いてもあまり変わりませんが、働きやすさは事業所によって大きく変わるものということの表れであり、働きやすい職場に職員は集まるという結果になっています。

　退職者を出さないということは、働きやすい職場のバロメーターになります。職員の退職には必ず原因があり、辞める前には信号を発しているものです。入職時から機会あるたびにコミュニケーションを図ることによりその信号を早期に捉えることができれば退職を防止することができます。

　日頃から経営者や管理者と職員の接点をつくり、その接点を１つ２つと増やしていくことが求められています。それを入職当初から行うことで職場全体で人間関係づくりをし、せめてすぐに相談できる相手をつくることが「辞めにくい職場環境」づくりになるのではないでしょうか。

　職員が考える今後のキャリア形成であったり、目標や悩みなど職

員の現状を経営者や管理者が知ることが大切です。

　介護事業は他業界と異なり、求人が多いために他の事業所の情報が入りやすく比べられる機会が多いため、経営者は注意する必要があります。施設の理念を明確にしたり、施設のブランド化を推進し外部に発信することなどによって、事業所が何をしたいのかを明確にすることができ、それが求職者をひきつけることになり、職員が辞めない職場をつくることにもつながるのです。

第6章

職場のルールブックづくりと活用

1 就業規則とルールブックの関係

　就業規則は、労働時間や賃金などの労働条件、服務規律などを定めたものであり、労使トラブルを防ぎ、適正な労務管理を行うためにも必要なものです。また、常時10名以上の職員を雇用していれば、就業規則を作成し、労働基準監督署に届け出る義務があります。

　また、介護事業所にとって、就業規則は、労働基準法上の作成・届出義務のほかに、就業規則の内容そのものが行政の指導の対象になるケースもあるため、より慎重に整備することが重要です。

　一方、ルールブックの作成は義務ではありませんが、就業規則に書くほどでもないが、仕事を行ううえで知っておいてほしい職場のルールを具体的に書くことができます。記載する内容についても、必ず書かなければならない事柄があるわけではなく、何を書いてもかまいません。職員が、日頃から、就業規則を熟読し、内容を確認することは困難です。しかし、ルールブックは、職員一人ひとりに配布することにより、いつでも読むことができます。

　就業規則に書かれていることが文字どおり"規則"だとすると、ルールブックは就業規則の内容をもとに自由につくってかまいません。なぜ、ルールを守らなければならないのかといった理由や、ルールを守るための具体的な行動、就業規則に定められた禁止事項をより詳しく例を挙げて書くことにより、職員が、ルールについて誤解することなく、信頼関係をもって仕事ができる職場環境をつくることができます。

（1）ルールブックのつくり方

１ ルールブックをつくる目的

　介護事業所には、正職員だけでなく、パート職員や、登録ヘルパーといった複数の就業形態が存在します。また、介護職員、看護職員、事務職員、ケアマネジャー等のさまざまな職種の人が同じ職場で働いています。

　就業規則は、正職員用、パート職員用と、就労形態にあわせて別につくることが一般的ですが、職種や就労形態に関係なく同じ職場で働く人の共通の価値観や考え方をもつという意味で、ルールブックは役に立ちます。

　就業規則は、労働基準法で記載しなければならない事柄が決められていますが、ルールブックにはそういったものがありません。法律違反にならない範囲であれば、好きなことを書いてかまいません。職場で働くすべての人に知っておいてもらいたいことをわかりやすく書くとよいでしょう。職場の数だけ、ルールブックの形があるといえます。

２ ルールブックの記載例

　ルールブックには好きなことを書いてかまいませんが、あれもこれも書いてしまうとルールの量が多くなり、何を伝えたいのかという本来の目的がぼやけてきます。就業規則に書かれている事柄の中で、必ず守ってもらいたいことから優先順位をつけて書くとよいでしょう。当たり前だと思っているルールでも、職員が正しく理解しているとは限りません。いくつか例を挙げてみましょう。

1）経営理念を書く

　経営者には、経営理念や経営目標があります。職場内に掲示しているかもしれません。しかし、職員にはどこまで伝わっているでしょうか。

　たとえば、「事業を通じて、利用者様、地域の皆様の幸せに貢献する」といった経営理念があったとします。この経営理念を知ってはいても、「理念に沿った行動とは？」と聞かれて答えることのできる職員は何人いるでしょうか。どういった行動が理念に沿った行動なのか、ルールブックに具体的に書きます。

　職員の経営理念に対する意識の違いが、問題の原因になることもあります。また、利用者に対するサービスの方向性に対する考えを共有することは、トラブル防止だけでなく、事業の発展にも欠かせません。

2）出退勤の考え方を書く

　就業規則には始業と終業の時刻が記載されていますが、始業時刻までにタイムカードの打刻をすればよいということではありません。始業時刻には、業務が開始できる状態でなければならないということをルールブックには書いておきます。交通機関の遅れ等で遅刻する場合の連絡方法や、残業する場合の申請方法などについても具体的に記載することにより、トラブルを防ぐことができます。

3）有給休暇の取得方法を書く

　有給休暇を取得することは労働者の権利です。就業規則には、勤続年数ごとに付与される日数が記載されています。また、"取得希望日の１週間前までに書類で上司に提出すること"といった手続きの方法が定められている場合もあります。ルールブックには、有給

休暇取得時の具体的な申請方法のほかに、利用者に迷惑をかけないように、同僚や上司と事前にコミュニケーションをとり、業務に支障をきたさないように取得しましょう、などと記載します。特定の人だけが有給休暇の消化率がよいという職場では、職員の不満につながります。ルールブックに記載することにより、すべての職員がお互いに有給休暇を取得しやすい職場づくりにつながります。

4）ハラスメント・メンタルヘルス対策について書く

　今は事業所の規模に関わりなく、セクシャルハラスメント、パワーハラスメント、メンタルヘルスの問題は、どこにでも起こりうることです。また経営者には、雇用管理上、講ずべき措置というものが、定められています。どういった行動がハラスメントに当たるのかということは、個人間や男女間で相違があるため、結果としてトラブルになってしまうこともあります。ルールブックには、わかりやい例を挙げて記載するとともに、ハラスメント問題に対する方針、メンタルヘルス対策として事業所が実施している施策を記載します。

　これらは一例です。このほかにも、事業所が守ってほしいルールや、ルールを守らなければならない理由を書くとよいでしょう。

(2) ルールブックの活用方法

　ルールブックに書くことは、特別なことではありません。曖昧なルールのままでも問題の起こらない職場もあります。しかし、管理職が変わっても、そこで働く人が変わっても基準となるルールがあることで、職場環境を変えずに維持することができます。では、どういったときにルールブックを使えばよいのか、いくつか例を挙げ

て説明します。

◧ 開業時

　介護サービスを開業するときには、管轄の都道府県や市町村等の指定申請を受けなければなりません。その際には、「重要事項説明書」「利用契約書」等といった運営規程とともに、「就業規則」も提出します。開業する数か月前から申請書等を提出しますが、そこで働く職員の氏名や労働条件等も届け出なければなりません。経営者は、開業するに当たって、経営理念、目標といったものがあり、職員に理解してもらいたいと考えているはずです。開業前に就業規則とともに、ルールブックを作成することにより、経営者自身が経営理念を改めて見直すことができ、また職員には、開業前の研修時に活用することにより、開業してすぐにルールブックに沿った行動をとってもらうことができます。

◨ 採用時・入社時

　採用の選考をするとき、応募者にルールブックを見てもらい、事業所が求める人材について説明します。また、ルールブックの内容について質問し、感想を聞くことで、応募者の考え等がわかります。応募者にとっても、採用後のミスマッチを防ぐことができます。

　また、新しく採用した職員に対する研修やオリエンテーションで、職場のルールを説明するツールとして使うこともできます。

◪ ミーティング・朝礼等

　定期的なミーティングや朝礼等の時間を利用して、ルールブックの内容を確認します。マンネリ化を防ぐことが目的です。当たり前だと思うルールこそ、改めて確認することが肝心です。日頃から、

内容を確認することにより、基本的なルールに対する認識の誤差を少なくすることができます。1つのルールについて、実際にあった事例をもとに説明し、話し合う場をもつことも効果的です。

4 管理職研修

　管理職であっても、部下に適切な注意や指導ができない人もいます。また、部下の行動に問題があるのか判断基準に迷う場合もあり、部下から反論されることもあります。そういったときには、ルールブックに書かれたことを基準とすることにより、ぶれずに部下を指導することができます。

5 人事評価

　評価項目として、ルールブックの内容を活用することをあらかじめ部下に説明することにより、普段の言動のチェックリストとすることができます。また、より具体的な評価面談を行うことができます。

2 職員説明会を開く

　就業規則は、作成し、労働基準監督署へ届け出をし、労働者に周知しなければならないと労働基準法に定められています。従業員が誰でも見ることのできる場所に就業規則を備えつけておけば、法的な義務をはたしているといえるでしょう。

　しかし就業規則は、職員に理解させなければ作成した意味がありません。周知したつもりでいても、経営者の知らないうちに職員の間で独自のルールができあがっていたというケースもあります。また、職員が問題のある行動をし、それに対して指導したときに、「就業規則にこんなことが書いてあるなんて知らなかった」と言われることもあるかもしれません。このようなトラブルを避けるためにも、職員説明会を開くことをお勧めします。

　職員説明会とは文字どおり、職員に就業規則・ルールブックの内容について説明をすることです。経営者や人事・総務担当者が話してもかまいせんが、第三者的立場の専門家が説明した方が角も立たず、説得力が増すことも多いようです。

　職員が働きやすい職場であれば、職員の退職は減り、定着します。そのためには、経営者、さまざまな職種・さまざまな雇用形態の職員が、お互いにルールを守ることが肝心です。ルールを守れば職場の環境がよくなり、結果として利用者に対するサービスの向上にもつながります。

第7章

採用の際に活用できる助成金

1 厚生労働省の助成金の役割と活用

　厚生労働省の助成金は、雇用保険2事業の「雇用安定事業」と「能力開発事業」によるもので、採用、教育、雇用維持、職場環境の改善、仕事と家庭の両立支援、障害者雇用などを行う事業所に支給されます。

　厚生労働省は介護事業所などを特別に成長分野と位置づけ、職員の受け入れと定着に役立つ助成金を充実させています。

　介護事業所が助成金を活用することで、他の介護事業所より一歩進んだ労務管理、設備投資、採用、職員訓練および女性・高齢者などの活用を行うこととなり、結果的には雇用の安定や事業所の成長につながります。

2 職員を採用した際の助成金

　助成金は、ハローワークなどで紹介された求職者を職員として採用した場合に支給されます。
　本書では、介護事業所が受給する可能性の高い、次の採用助成金を紹介します。
　①事業所の新設などにあわせて職員を採用した場合
　②就職の機会に恵まれなかった者を採用した場合
　③就職が困難な者を採用した場合
　なお、本書では概略を解説していきますが、助成金を受給する際には、最寄りの労働局などに詳細を確認してください。

(1) 事業所の新設などにあわせて職員を採用した場合の助成金

❶地域雇用開発助成金

【概要】

　地域雇用開発助成金には、「地域雇用開発奨励金」と「沖縄若年者雇用促進奨励金」があります。そのうち地域雇用開発奨励金は、雇用機会が特に不足している地域の事業主が事業所の設置・整備を行い、あわせてその地域に居住する求職者などを採用した場合に、設置・整備費用および対象労働者の増加数に応じて支給されます。なお、本書では「奨励金」および「助成金」を、「助成金」と呼ぶこととします。

【支給額】

　助成金は、事業所の設置・整備にかかった費用と支給対象者の増加数に応じて、図表7-2-1の金額が3回にわたり支給されます。なお、創業と認められる場合は、初回の支給額に1/2相当額が上乗せされます。

【図表7-2-1】地域雇用開発助成金

設置・整備費用	支給対象者の増加数（（　）内は創業の場合のみ適用）			
	3 (2)～4人	5～9人	10～19人	20人以上
300万円以上 1千万円未満	50万円	80万円	150万円	300万円
1千万円以上 3千万円未満	60万円	100万円	200万円	400万円
3千万円以上 5千万円未満	90万円	150万円	300万円	600万円
5千万円以上	120万円	200万円	400万円	800万円

【主な要件】

①助成金の支給を受けるため、事前に事業所の設置・整備などの計画書を届け出ること。

②事業所の設置・整備に要する費用は、1点当たり20万円以上かつ合計額が300万円以上であること。

③事業所の設置・整備は、計画日から完了日までの間（最長18か月間）に行われること。

④雇い入れの労働者は、同意雇用開発促進地域などに居住している者でかつ満65歳未満の者であること。

⑤雇い入れの条件は、ハローワークなどの紹介により雇用保険の一般被保険者として3人以上（創業の場合は2人以上）を計画日から完了日の間に雇い入れること。なお、対象労働者は、ハローワークなどの紹介以前に内定（約束）をしていないこと。

⑥2回目、3回目の支給については、雇用保険の一般被保険者数および支給対象者数を維持していること。

【ワンポイントアドバイス】

この助成金は支給期間が3年以上になるため、その間、労働者数の維持や職場定着などの要件および労働者の解雇などにより、支給されないことがあります。したがって、労働者を採用する際の選択や要員計画が重要になります。

（2）就職の機会に恵まれなかった者を採用した場合の助成金

❶トライアル雇用奨励金

【概要】

トライアル雇用奨励金は、事業主が原則3か月間で、職業経験の不足などから就職が困難な求職者の適性や能力を見極めて常用雇用へ移行する機会、契機として試行雇用（トライアル雇用）した場合に支給されます。

【支給額】

最長3か月間にわたり月額最大4万円が支給されます。

【主な要件】

①雇用の約束をしていない、これまで就労の経験のない職種または業務に就こうとする者および母子家庭の母などを、ハローワークなどの紹介で採用すること。

②ハローワークなどに掲示する求人票は、「トライアル雇用求人」などとしていること。

③雇い入れから2週間以内に、「トライアル雇用実施計画書」をハローワークに提出すること。この計画書には、トライアル雇用時の労働条件や訓練内容などを記入すること。

④トライアル雇用期間（最長３か月）の終了後２か月以内に、支給申請書を提出すること。

【ワンポイントアドバイス】
　介護事業所は、労働者を３か月間のトライアル雇用の契約を結んで採用します。助成金は、雇用期間の満了時に雇用契約を継続しない場合でも支給されます。

（３）就職が困難な者を採用した場合の助成金

❶特定求職者雇用開発助成金
【概要】
　特定求職者雇用開発助成金の一部である特定就職困難者雇用開発助成金は、高年齢者や障害者などの就職困難者をハローワークなどの紹介により、継続して労働者（雇用保険の一般被保険者）として採用した場合に支給されます。
　なお、特定求職者雇用開発助成金には、このほか「高年齢者雇用開発特別奨励金」および「被災者雇用開発助成金」があります。

【支給額】
　支給対象者は図表7-2-2のように区分されており、支給額・支給対象期間が分かれます。なお助成金の支給は６か月（１期）ごととなっています。
　短時間労働者とは、１週間の所定労働時間が20時間以上30時間未満の者です。
　なお、大企業に分類される事業主の場合は、支給額が上の表とは異なりますので、最寄りの労働局などで確認してください。

【図表7-2-2】特定求職者雇用開発助成金（特定就職困難者雇用開発助成金）

対象労働者		支給額	助成対象期間	支給単位
短時間労働者以外の者	高年齢者（60歳以上65歳未満）、母子家庭の母等	90万円	1年	第1期45万円
				第2期45万円
	重度障害者等を除く身体・知的障害者	135万円	1年6か月	第1期45万円
				第2期45万円
				第3期45万円
	重度障害者等	240万円	2年	第1期60万円
				第2期60万円
				第3期60万円
				第4期60万円
短時間労働者	高年齢者（60歳以上65歳未満）、母子家庭の母等	60万円	1年	第1期30万円
				第2期30万円
	重度障害者等を含む、身体・知的・精神障害者	90万円	1年6か月	第1期30万円
				第2期30万円
				第3期30万円

【主な要件】

①ハローワークなどに求人票を提出していること。

②雇用の約束をしていない60歳以上65歳未満の者、障害者および母子家庭の母などの求職者を、ハローワークなどの紹介で採用すること。

③採用後6か月経過した後2か月以内に支給申請を行い、その後、同様の支給申請を1～3回行うこと。

【ワンポイントアドバイス】

　この助成金は、求職者がハローワークなどで紹介状を発行されたときに、他の会社に在職する雇用保険の被保険者であった場合には、重度障害者などを除き対象となりません。

3 職員を訓練した場合の助成金

（1）職員のキャリアアップや人材育成を行った場合の助成金

■1 キャリア形成促進助成金

【概要】

　キャリア形成促進助成金は、職員の職業生活を通じたキャリア形成を効果的に促進するために、職業訓練などを実施する事業主に対して支給されます。この助成金は、2014（平成26）年3月1日より、「政策課題対応型訓練」による7つのコースと「一般型訓練」に分かれました。

【支給額】

　介護事業所の介護職員に対して行う職業訓練に対しては、政策課題対応型訓練の成長分野等人材育成コースまたは一般型訓練（介護事業所の経理事務員は主に一般型訓練）により助成金が支給されます。本書では、成長分野等人材育成コースについて説明します。助成金は経費助成と賃金助成に分かれ、次のようになっています。

　①経費助成（訓練実施機関に支払った経費）

　　経費の1/2。ただし、支給上限は1人1コース当たり15万円（訓練時間が20時間以上100時間未満の場合）

　②賃金助成

　　1人1時間当たり800円

　大企業の支給額は、最寄りの労働局などで確認してください。

【主な要件】

　①「事業内職業能力開発計画」と、その内容に沿った「年間職業能

力開発計画」を作成し、訓練実施計画書やカリキュラムを添えて、原則として訓練開始1か月前までに労働局に届け出ること。
②支給申請は訓練の終了後2か月以内に行うこと。
③助成金の対象となるのは、介護業務に従事する従業員を育成するために行う実施時間数が20時間以上の訓練である。また、受講者は訓練実施時間数の8割以上を受講する必要がある。

【ワンポイントアドバイス】
　助成金の対象となる訓練は、外部の訓練実施機関が行うOFF-JT（off-the-job training：オフ・ザ・ジョブトレーニング）という、通常の職場・業務を離れて行うものです。
　職業訓練の目的は、「職務に関連した専門的な知識や技能を習得させること」です。意識改革訓練や接遇・マナー研修が助成金の対象となるか否かという質問が寄せられることもありますが、原則としてそれらは助成金の支給対象外です。ただし、介護職員に対する「高年齢者への接遇研修」が、専門的な知識や技能習得に資するとみなされ、助成金の対象となることがありますので、最寄りの労働局などで確認してください。

2 キャリアアップ助成金
【概要】
　キャリアアップ助成金は、介護事業所が有期契約労働者、短時間労働者および派遣労働者などのいわゆる非正規雇用の労働者（正職員待遇を受けていない無期雇用労働者を含む。以下「有期契約労働者など」という）に対して、事業所内で次のようなキャリアアップ促進のための取り組みを実施した場合に支給されます。
①原則として6か月以上雇用する有期契約労働者などを正社員などへ転換する「正規雇用等転換コース」

②有期契約労働者などに一般職業訓練または有期実習型訓練を行う「人材育成コース」

③賃金テーブルの改善を行う「処遇改善コース」

④健康診断制度の導入を行う「健康管理コース」

⑤短時間正社員への転換や新規雇い入れを行う「短時間正社員コース」

⑥社会保険適用を受ける時間まで勤務時間の延長を行う「短時間労働者の週所定労働時間延長コース」

【受給額】

①正規雇用等転換コース

　ア）有期社員⇒正規社員　　1人当たり50万円

　イ）有期社員⇒無期社員　　1人当たり20万円

　ウ）無期社員⇒正規社員　　1人当たり30万円

　なお、対象者が母子家庭の母などの場合は、1人当たりにつき、ア）10万円、イ）5万円、ウ）5万円が加算されます。

②人材育成コースの一般職業訓練

　ア）経費助成　1人当たり10万円を上限（訓練時間が100時間未満の場合）

　イ）賃金助成　1人1時間当たり800円（上限1,200時間）

③人材育成コースの有期実習型訓練

　ア）経費助成　1人当たり10万円を上限（訓練時間が100時間未満の場合）

　イ）賃金助成　1人1時間当たり800円（上限1,200時間）

　ウ）OJT実施助成　1人1時間当たり700円（上限680時間）

　大企業の支給額および「正規雇用等転換コース」ならびに「人材育成コース」以外のコースの助成金額は、最寄りの労働局などで確認してください。

【主な要件】

①助成金の支給には、事前にキャリアアップ計画を作成のうえ届け出て（人材育成コースの場合は、訓練計画もあわせて届け出が必要）、労働局長の認定を受けておくこと。

②正規雇用等転換コースの対象は、原則として6か月以上有期契約労働者などであることが必要。なお、3か月の有期実習型訓練終了後、正規社員などへの転換を行う場合にも、助成金が支給される。これらの場合、就業規則の作成と社会保険の加入が必要となる。

③人材育成コースの訓練計画は、訓練開始の日の前日から起算して1か月前までに労働局長に届け出をしておくこと。

④人材育成コースの一般職業訓練および有期実習型訓練では、外部研修実施機関に支払った訓練経費が全額助成される（1人当たり10万円が上限／訓練時間が100時間未満の場合）。

⑤人材育成コースの有期実習型訓練は、OFF-JTと職場内で行う実習職業訓練であるOJT（on-the-job training：オン・ザ・ジョブトレーニング）を組み合わせて行い、職業能力を身につけるための効果的な内容とすること。

【ワンポイントアドバイス】

人材育成コースの有期実習型訓練は、訓練期間を3か月以上6か月以内で定めなければなりません。たとえば、訓練期間を6か月とした場合は総訓練時間を425時間以上とし、そのうち1割以上9割以下のOFF-JTを行わなければなりません。

4 厚生労働省によるその他の助成金

　厚生労働省による助成金には、本書で説明したほかに、次の表のものがあります。雇用の安定、職場環境の改善、仕事と家庭の両立支援、職員の能力向上などに活用することができます。

【図表7-4-1】主な雇用関係助成金一覧（概要）

（問い合わせ先）
【労働局】都道府県労働局またはハローワーク
【機　構】(独)高齢・障害・求職者雇用支援機構
　　　　　都道府県高齢・障害者雇用支援センター

A.雇用維持関係の助成金

1 雇用調整助成金	【労働局】
景気の変動、産業構造の変化などの経済上の理由により事業活動の縮小を余儀なくされた場合に、休業、教育訓練、または出向によって、その雇用する労働者の雇用の維持を図る事業主に対して助成	

B.再就職支援関係の助成金

2 労働移動支援助成金	【労働局】
Ⅰ　再就職支援奨励金	
事業規模の縮小等に伴い離職を余儀なくされる労働者等に対して、再就職を実現するための支援を民間の職業紹介事業者に委託等して行う事業主に対して助成	
Ⅱ　受入れ人材育成支援奨励金	
事業規模の縮小等に伴い離職を余儀なくされた労働者等を雇い入れ、または移籍等により労働者を受入れ、訓練を行った事業主に対して助成	

C.高年齢者・障害者等関係の助成金

3 特定求職者雇用開発助成金	【労働局】
Ⅰ　特定就職困難者雇用開発助成金	
高年齢者（60歳以上65歳未満）や障害者などの就職が特に困難な者を、ハローワークまたは民間の職業紹介事業者等の紹介により、継続して雇用する労働者として雇い入れた事業主に対して、賃金の一部を助成	
Ⅱ　高年齢者雇用開発特別奨励金	
65歳以上の離職者を、ハローワークまたは民間の職業紹介事業者等の紹介により、1年以上継続して雇用する労働者として雇い入れた事業主に対して、賃金の一部を助成	

Ⅲ　被災者雇用開発助成金	
東日本大震災の被災地域における被災離職者等を、ハローワークまたは民間の職業紹介事業者等の紹介により、1年以上雇用されることが見込まれる労働者として雇い入れた事業主に対して、賃金の一部を助成	

4　高年齢者雇用安定助成金	【機構】
Ⅰ　高年齢者活用促進コース	
高年齢者の活用促進のための雇用環境整備の措置を実施する事業主に対して助成	
Ⅱ　高年齢者労働移動支援コース	
定年を控えた高年齢者等で、その知識経験を活かすことができる他の企業での雇用を希望する者を、ハローワークまたは民間の職業紹介事業者の紹介により雇い入れる事業主に対して助成	

5　障害者トライアル雇用奨励金	【労働局】
Ⅰ　障害者トライアル雇用奨励金	
就職が困難な障害者を、ハローワークまたは民間の職業紹介事業者等の紹介により、一定期間試行雇用を行う場合に助成	
Ⅱ　障害者短時間トライアル雇用奨励金	
直ちに週20時間以上勤務することが難しい精神障害者および発達障害者の求職者について、3か月から12か月の期間をかけながら20時間以上の就業を目指して試行雇用を行う場合に助成	

6　障害者初回雇用奨励金（ファースト・ステップ奨励金）	【労働局】
障害者雇用の経験のない中小企業において、雇用率制度の対象となるような障害者を初めて雇用し、当該雇い入れによって法定雇用率を達成する場合に助成	

7　中小企業障害者多数雇用施設設置等助成金	【労働局】
中小企業である事業主が、地域の障害者雇用のための計画を作成し、当該計画に基づき障害者を10人以上等多数雇用するとともに、障害者の雇い入れに必要な事業所の施設・設備等の設置・整備をした場合に、当該施設・設備等の設置等に要する費用に対して助成	

8　発達障害者・難治性疾患患者雇用開発助成金	【労働局】
発達障害者または難治性疾患患者をハローワークまたは民間の職業紹介事業者等の紹介により常用労働者として雇い入れる事業主に対して助成	

9　精神障害者等雇用安定奨励金	【労働局】
Ⅰ　精神障害者雇用安定奨励金	
精神障害者を雇い入れるとともに、カウンセリング体制の整備等の精神障害者が働きやすい職場づくりを行った事業主に対して助成	
Ⅱ　重度知的・精神障害者職場支援奨励金	
重度知的障害者または精神障害者を雇い入れるとともに、その業務に必要な援助や指導を行う職場支援員を配置する事業主に対して助成	

| 10　障害者作業施設設置等助成金 | 【機構】 |

雇い入れるまたは継続して雇用する障害者のために、その障害者の障害特性による就労上の課題を克服する作業施設等の設置・整備を行う事業主に対して助成

| 11　障害者福祉施設設置等助成金 | 【機構】 |

継続して雇用する障害者のために、その障害者の福祉の増進を図るための福祉施設等の設置・整備を行う事業主または当該事業主が加入している事業主団体に対して助成

| 12　障害者介助等助成金 | 【機構】 |

雇い入れるまたは継続して雇用する障害者のために、その障害者の障害特性に応じた適切な雇用管理のために必要な介助者の配置等の特別な措置を行う事業主を対象に助成

| 13　職場適応援助者助成金 | 【機構】 |

職場適応援助者による援助を必要とする障害者のために、職場適応援助者による援助を行う事業主等に対して助成

| 14　重度障害者等通勤対策助成金 | 【機構】 |

雇い入れるまたは継続して雇用する障害者のために、その障害者の障害特性に応じ通勤を容易にするための措置を行う事業主を対象として助成

| 15　重度障害者多数雇用事業所施設設置等助成金 | 【機構】 |

重度障害者を多数雇用し、これらの障害者のために事業施設等の整備等を行う事業主に対して助成

| 16　障害者能力開発助成金 | 【労働局】 |

障害者の職業能力の開発・向上のために、能力開発訓練事業を行う事業主等に対して助成

D.雇い入れ関係のその他の助成金

| 17　トライアル雇用奨励金 | 【労働局】 |

職業経験、技能、知識等から安定的な就職が困難な求職者について、ハローワークまたは民間の職業紹介事業者等の紹介により、一定期間試行雇用した場合に助成

| 18　地域雇用開発助成金 | 【労働局】 |

Ⅰ　地域雇用開発奨励金

同意雇用開発促進地域または過疎等雇用改善地域において、事業所の設置・整備あるいは創業に伴い、地域求職者の雇い入れを行った場合に助成

Ⅱ　沖縄若年者雇用促進奨励金

沖縄県の区域内において、事業所の設置・整備に伴い、沖縄県内居住の35歳未満の若年求職者の雇い入れを行った場合に助成

E.雇用環境の整備関係等の助成金

| 19　中小企業労働環境向上助成金 | 【労働局】 |

Ⅰ　個別中小企業助成コース

雇用管理制度の導入等を行う健康・環境・農林漁業分野等の事業を営む中小企業事業主に対して助成

Ⅱ 団体助成コース
健康・環境・農林漁業分野等の事業を営む中小事業者を構成員として含む事業主団体が、その構成員である中小企業に対して労働環境の向上を図るための事業を行う場合に助成

20 建設労働者確保育成助成金 　　　　　　　　　　　　　　　　　【労働局】
建設労働者の雇用の改善、技能の向上を行う中小建設事業主等に対して助成

21 通年雇用奨励金 　　　　　　　　　　　　　　　　　　　　　　　　【労働局】
北海道、東北地方等の積雪または寒冷の度が特に高い地域において、冬期間に離職を余儀なくされる季節労働者を通年雇用した事業主に対して助成

F. 仕事と家庭の両立支援、女性の活躍推進関係の助成金

22 両立支援助成金 　　　　　　　　　　　　　　　　　　　　　　　　【労働局】
Ⅰ 事業所内保育施設設置・運営等支援助成金
労働者のための保育施設を事業所内に設置、増築などを行う事業主・事業主団体にその費用の一部を助成
Ⅱ 子育て期短時間勤務支援助成金
就業規則等により子育て期の労働者が利用できる短時間勤務制度を設け、労働者に利用させた事業主に対して助成
Ⅲ 中小企業両立支援助成金(代替要員確保コース)
育児休業取得者の代替要員を確保するとともに、育児休業取得者を原職復帰させた事業主に対して助成
Ⅳ 中小企業両立支援助成金(休業中能力アップコース)
育児休業または介護休業中の労働者に対して、能力の開発および向上に関する措置を講じた事業主等に対して助成(平成26年3月31日までに育児休業又は介護休業を開始し、平成26年9月30日までに当該休業を終了したものを対象)
Ⅴ 中小企業両立支援助成金(継続就業支援コース)
育児休業取得者を育児休業終了後原職復帰させ、あわせて職業生活と家庭生活との両立を支援するための研修等を実施する事業主に対して助成(平成25年3月31日までの育児休業終了者を対象)
Ⅵ 中小企業両立支援助成金(期間雇用者継続就業支援コース)
有期契約労働者(期間雇用者)について、通常の労働者と同等の要件で育児休業を取得させて育児休業終了後原職復帰させ、あわせて職業生活と家庭生活との両立を支援するための研修等を実施する事業主に対して助成
Ⅶ ポジティブ・アクション能力アップ助成金
女性の活躍促進についての数値目標を設定・公表し、一定の研修プログラムの実施により、目標を達成した事業主に助成

G. キャリアアップ・人材育成関係の助成

23 キャリアアップ助成金 　　　　　　　　　　　　　　　　　　　　　【労働局】
Ⅰ 正規雇用等転換コース
有期契約労働者等を正規雇用等に転換または派遣労働者を直接雇用した事業主に対して助成

Ⅱ　人材育成コース	
有期契約労働者等に対して職業訓練を行った事業主に対して助成	
Ⅲ　処遇改善コース	
有期契約労働者等の賃金水準の向上を図った事業主に対して助成	
Ⅳ　健康管理コース	
有期契約労働者等に対して法定外の健康診断制度を新たに規定し、延べ4人以上実施した事業主に対して助成	
Ⅴ　短時間正社員コース	
短時間正社員に転換または短時間正社員として新たな雇い入れを行った事業主に対して助成	
Ⅵ　短時間労働者の週所定労働時間延長コース	
短時間労働者の週所定労働時間の延長を行った事業主に対して助成	

24　キャリア形成促進助成金	【労働局】
Ⅰ　政策課題対応型訓練（成長分野等人材育成コース）	
成長分野等に関連する職業訓練を助成	
Ⅱ　政策課題対応型訓練（グローバル人材育成コース）	
海外関連業務に従事する人材育成を助成（海外の大学院、大学、教育訓練施設などで実施する訓練も含む）	
Ⅲ　政策課題対応型訓練（育休中・復職後等能力アップコース）	
育児休業中や復職後の能力アップのための訓練や妊娠・出産・育児により一定期間離職していた女性等の再就職後の能力アップのための訓練を助成	
Ⅳ　政策課題対応型訓練（若年人材育成コース）	
採用後5年以内かつ35歳未満の若年者に対する職業訓練を助成（対象は中小企業）	
Ⅴ　政策課題対応型訓練（熟練技能育成・承継コース）	
熟練技能者の指導力強化や技能承継のための職業訓練、認定職業訓練を助成（対象は中小企業）	
Ⅵ　政策課題対応型訓練（認定実習併用職業訓練コース）	
OJTとOff-JTを組み合わせた厚生労働大臣認定の職業訓練を助成（対象は中小企業）	
Ⅶ　政策課題対応型訓練（自発的職業能力開発コース）	
雇用する労働者の自発的な職業訓練に対して支援をした場合に助成（対象は中小企業）	
Ⅷ　一般型訓練	
雇用する労働者に対する政策課題対応型訓練以外の職業訓練を助成（対象は中小企業）	
Ⅸ　団体等実施型訓練	
事業主団体等が構成事業主の雇用する労働者を対象に行う、若年労働者への訓練や熟練技能の育成・承継のための訓練を助成	

出典：厚生労働省「平成26年度雇用関係助成金のご案内（簡略版）」

5 助成金を円滑に受け取るための準備

　厚生労働省による助成金は、支給の要件が揃えば受給できるものばかりです。それにも関わらず助成金を受給していない事業所は、助成金の存在を知らないか、または知っていても手続きが複雑で時間がかかるため、申請をしていないからです。

　その点を踏まえ、介護事業所が助成金を円滑に受け取るために必要な準備を、以下にまとめます。

(1) 助成金などの改正情報を収集すること

　助成金には多くの種類があり、なかには介護事業所の条件に確実に該当するものがあります。まずは、日頃から助成金、労働法および介護保険制度などの改正情報を収集して、経営に活用できるかどうかを検討することが重要です。

(2) 助成金支給の申請を忘れないこと

　役所が「助成金を使い忘れているので申請してください」とは言ってくれませんので、介護事業所自らが申請をしなければなりません。申請は通常2回行います。1回目は、今後の職員の雇用および設備の整備についての計画を提出し、2回目は、助成金を受けるために、職員の継続しての雇用や設備の整備などの実績を申請します。たとえば、前述のキャリアアップ助成金を受給するためには、訓練が始まる日の1か月前までに計画を届け出て、受理されなければなりま

せん。

(3) 労働法令を遵守すること

　厚生労働省による助成金は、労働法令を守っていない事業所には支給されません。労働法令の遵守ができずに助成金が受給できない理由としては、「賃金未払残業」(いわゆるサービス残業)を行わせていたことなどがあります。
　そのため、介護事業所が初めて助成金の申請を行うときには、事前に簡単な労務チェックを実施するとよいでしょう。

(4) 労働者を解雇しないこと

　助成金は、労働者を解雇した事業所に対しては一定期間支給されません。
　介護事業においては、過剰な人員の採用や、面接時に把握できなかった採用者の能力不足などが原因で労働者を解雇せざるえないことがあります。労働者の解雇を防ぐには、採用以降の労働者の育成、雇用条件および雇用環境を良好に保つ経営を行って、労働者のモチベーションを向上させるような環境づくりが求められます。

　これからの介護事業の運営は、行政からの支援、制度改正、他の業界からの参入および少子高齢化が相まって、「運営」から「経営」への変化が求められています。
　そうした変化に対応するために、介護事業所は助成金を効果的に活用して、労務管理、設備投資、採用、職員訓練および女性・高齢者の活用を図っていくことが重要です。

資料

採用にかかわる制度と現状

　採用にとりかかる前に心得ておくべき、介護保険制度に関する基礎知識と雇用管理の状況、人員基準等について解説します。
　介護経営に直接かかわるような制度改正等について、常に新しい情報を入手するよう心掛けることが重要です。

1 介護保険法の概要

(1) 介護保険法の特徴

　日本全体の高齢化の進展に伴い、介護を必要とする高齢者数の増加、介護期間の長期化など、介護に対するニーズが社会全体で高まってきました。またその一方で、核家族化の進行とともに、介護する側の家族も高齢化するなど、介護を必要とする高齢者を支えてきた側の状況も以前と比べて変化しました。そこで、高齢者の介護を社会全体で支え合う仕組みとして、2000（平成12）年に介護保険法が施行されました。その後、数度の制度改正を経て現在に至っています。

　介護保険制度の特徴としては、自立支援・利用者本位・社会保険方式の３つが挙げられます。

　①自立支援…単に介護を要する高齢者の身の回りの世話をするということを超えて、高齢者の自立を支援することを理念としています。

　②利用者本位…利用者の選択により、多様な主体から保健医療サービス、福祉サービスを総合的に受けられます。

　③社会保険方式…給付と負担の関係が明確な社会保険方式を採用しています。

【資料1-1】介護保険制度の仕組み

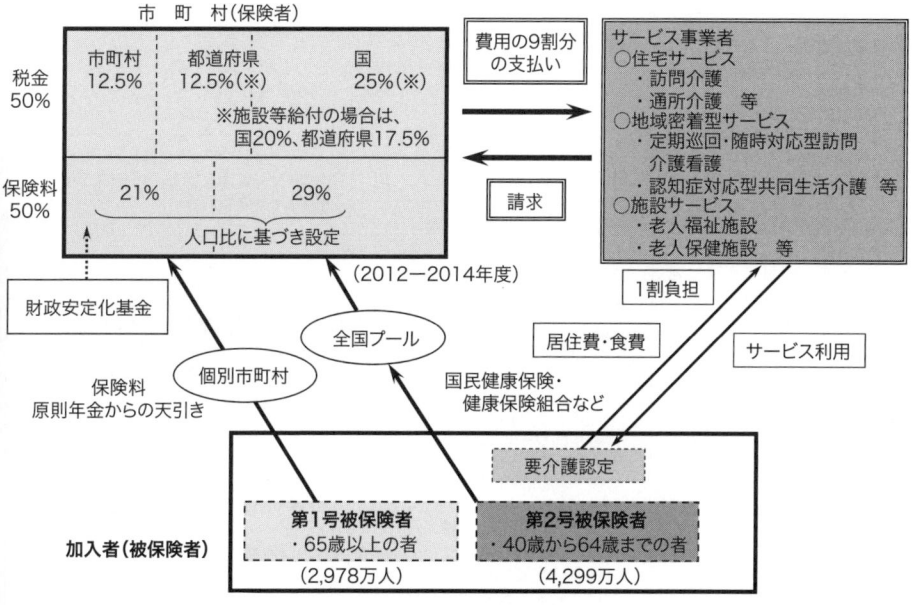

市　町　村（保険者）

税金 50%
- 市町村 12.5%
- 都道府県 12.5%（※）
- 国 25%（※）

※施設等給付の場合は、国20%、都道府県17.5%

保険料 50%
- 21%
- 29%

人口比に基づき設定

（2012－2014年度）

財政安定化基金

全国プール
個別市町村

保険料 原則年金からの天引き

費用の9割分の支払い →

サービス事業者
○住宅サービス
　・訪問介護
　・通所介護　等
○地域密着型サービス
　・定期巡回・随時対応型訪問介護看護
　・認知症対応型共同生活介護　等
○施設サービス
　・老人福祉施設
　・老人保健施設　等

← 請求

1割負担　居住費・食費　サービス利用

国民健康保険・健康保険組合など

要介護認定

加入者（被保険者）

第1号被保険者	第2号被保険者
・65歳以上の者	・40歳から64歳までの者
（2,978万人）	（4,299万人）

（注）第1号被保険者の数は、「平成23年度介護保険事業状況報告年報」によるものであり、2011（平成23）年度末現在の数である。
　　第2号被保険者の数は、社会保険診療報酬支払基金が介護給付費納付金額を確定するための医療保険者からの報告によるものであり、2011年度内の月平均値である。

出典：厚生労働省老健局「公的介護保険制度の現状と今後の役割」2013年

（2）介護サービスの種類

介護サービスの種類は、①居宅サービス、②地域密着型サービス、③居宅介護支援、④施設サービス、⑤介護予防サービス、⑥地域密着型介護予防サービス、⑦介護予防支援の7区分に分類されます。

【資料1-2】介護サービスの種類

◎地域密着型サービス	◎居宅サービス		介護給付を行うサービス
○定期巡回・随時対応型訪問介護看護 ○夜間対応型訪問介護 ○認知症対応型通所介護 ○小規模多機能型居宅介護 ○認知症対応型共同生活介護（グループホーム） ○地域密着型特定施設入居者生活介護 ○地域密着型介護老人福祉施設入所者生活介護 ○複合型サービス	【訪問サービス】 ○訪問介護(ホームヘルプサービス) ○訪問入浴介護 ○訪問看護 ○訪問リハビリテーション ○居宅療養管理指導 ○特定施設入居者生活介護 ○特定福祉用具販売 ◎居宅介護支援	【通所サービス】 ○通所介護（デイサービス） ○通所リハビリテーション 【短期入所サービス】 ○短期入所生活介護（ショートステイ） ○短期入所療養介護 ○福祉用具貸与 ◎施設サービス ○介護老人福祉施設 ○介護老人保健施設 ○介護療養型医療施設	
◎地域密着介護予防サービス	◎介護予防サービス		予防給付を行うサービス
○介護予防認知症対応型通所介護 ○介護予防小規模多機能型居宅介護 ○介護予防認知症対応型共同生活介護（グループホーム） ◎介護予防支援	【訪問サービス】 ○介護予防訪問介護(ホームヘルプサービス) ○介護予防訪問入浴介護 ○介護予防訪問看護 ○介護予防訪問リハビリテーション ○介護予防居宅療養管理指導 ○介護予防特定施設入居者生活介護 ○特定介護予防福祉用具販売	【通所サービス】 ○介護予防通所介護（デイサービス） ○介護予防通所リハビリテーション 【短期入所サービス】 ○介護予防短期入所生活介護（ショートステイ） ○介護予防短期入所療養介護 ○介護予防福祉用具貸与	
市町村が指定・監督を行うサービス	都道府県・政令市・中核市が指定・監督を行うサービス		

出典：厚生労働省老健局「公的介護保険制度の現状と今後の役割」2013年

2 介護保険制度をとりまく環境

(1) 2025年問題

　65歳以上の高齢者の数は、2025（平成37）年には3,657万人になると予想され、高齢化はますます進行し、認知症高齢者や世帯主が65歳以上の単独世帯や夫婦のみの世帯はさらに増加していくと見込まれています。また2025年には、いわゆる団塊の世代が75歳を迎えます。そこで2025年を目途に、重度の要介護状態となっても住み慣れた地域で、自分らしい暮らしを人生の最後まで続けることができるよう、住まい・医療・介護・予防・生活支援が一体的に提供される地域包括ケアシステムの構築が目指されています。

【資料2-1】地域包括ケアシステム

○団塊の世代が75歳以上となる2025年を目途に、重度な要介護状態となっても住み慣れた地域で自分らしい暮らしを人生の最後まで続けることができるよう、住まい・医療・介護・予防・生活支援が一体的に提供される地域包括ケアシステムの構築を実現していきます。
○今後、認知症高齢者の増加が見込まれることから、認知症高齢者の地域での生活を支えるためにも、地域包括ケアシステムの構築が重要です。
○人口が横ばいで75歳以上人口が急増する大都市部、75歳以上人口の増加は緩やかだが人口は減少する町村部等、高齢化の進展状況には大きな地域差が生じています。
地域包括ケアシステムは、保険者である市町村や都道府県が、地域の自主性や主体性に基づき、地域の特性に応じて作り上げていくことが必要です。

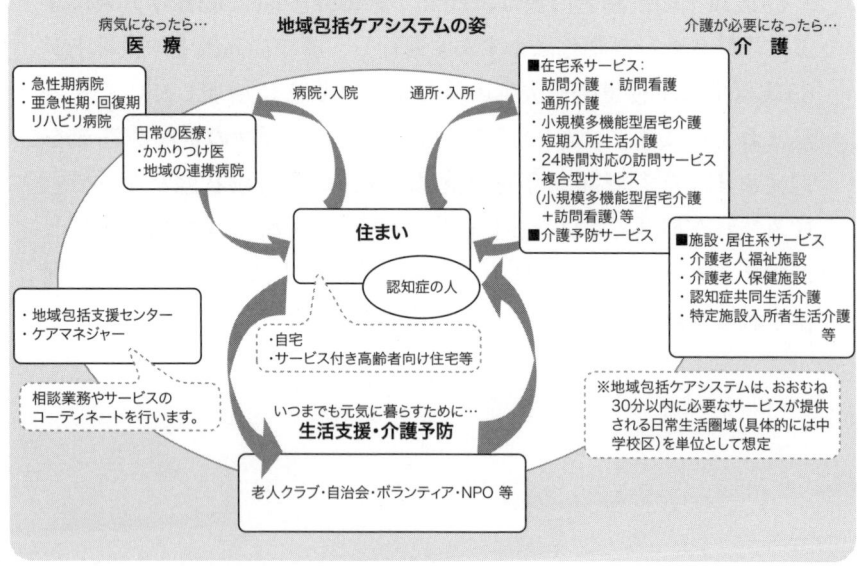

地域包括ケアシステムの姿

病気になったら…
医療
・急性期病院
・亜急性期・回復期リハビリ病院

日常の医療：
・かかりつけ医
・地域の連携病院

介護が必要になったら…
介護

■在宅系サービス：
・訪問介護・訪問看護
・通所介護
・小規模多機能型居宅介護
・短期入所生活介護
・24時間対応の訪問サービス
・複合型サービス
（小規模多機能型居宅介護
　＋訪問看護）等
■介護予防サービス

■施設・居住系サービス
・介護老人福祉施設
・介護老人保健施設
・認知症共同生活介護
・特定施設入所者生活介護　等

病院・入院　通所・入所

住まい
認知症の人
・自宅
・サービス付き高齢者向け住宅等

・地域包括支援センター
・ケアマネジャー

相談業務やサービスのコーディネートを行います。

いつまでも元気に暮らすために…
生活支援・介護予防

老人クラブ・自治会・ボランティア・NPO 等

※地域包括ケアシステムは、おおむね30分以内に必要なサービスが提供される日常生活圏域（具体的には中学校区）を単位として想定

出典：厚生労働省「地域包括ケア研究会報告書」2013年

【資料2-2】今後の介護保険をとりまく状況について

① 65歳以上の高齢者数は、2025年には3,657万人となり、2042年にはピークを迎える予測（3,878万人）。また、75歳以上高齢者の全人口に占める割合は増加していき、2055年には、25％を超える見込み。

	2012年8月	2015年	2025年	2055年
65歳以上高齢者人口（割合）	3,058万人（24.0％）	3,395万人（26.8％）	3,657万人（30.3％）	3,626万人（39.4％）
75歳以上高齢者人口（割合）	1,511万人（11.8％）	1,646万人（13.0％）	2,179万人（18.1％）	2,401万人（26.1％）

② 65歳以上高齢者のうち、「認知症高齢者の日常生活自立度」Ⅱ以上の高齢者が増加していく。

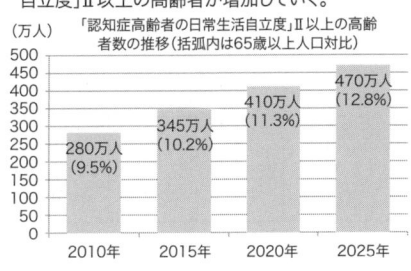

「認知症高齢者の日常生活自立度」Ⅱ以上の高齢者数の推移（括弧内は65歳以上人口対比）
- 2010年：280万人（9.5％）
- 2015年：345万人（10.2％）
- 2020年：410万人（11.3％）
- 2025年：470万人（12.8％）

③ 世帯主が65歳以上の単独世帯や夫婦のみの世帯が増加していく。

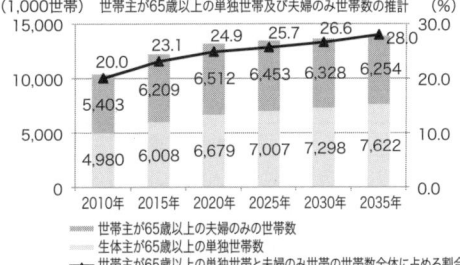

世帯主が65歳以上の単独世帯及び夫婦のみ世帯数の推計
（凡例：世帯主が65歳以上の夫婦のみの世帯数／世帯主が65歳以上の単独世帯数／世帯主が65歳以上の単独世帯と夫婦のみ世帯の世帯数全体に占める割合）

年	夫婦のみ	単独	割合（％）
2010年	5,403	4,980	20.0
2015年	6,209	6,008	23.1
2020年	6,512	6,679	24.9
2025年	6,453	7,007	25.7
2030年	6,328	7,298	26.6
2035年	6,254	7,622	28.0

④ 75歳以上人口は、都市部では急速に増加し、もともと高齢者人口の多い地方でも緩やかに増加する。各地域の高齢化の状況は異なるため、各地域の特性に応じた対応が必要。

	埼玉県	千葉県	神奈川県	大阪府	愛知県	東京都	～	鹿児島県	島根県	山形県	全国
2010年 〈 〉は割合	58.9万人〈8.2％〉	56.3万人〈9.1％〉	79.4万人〈8.8％〉	84.3万人〈9.5％〉	66.0万人〈8.9％〉	123.4万人〈9.4％〉	～	25.4万人〈14.9％〉	11.9万人〈16.6％〉	18.1万人〈15.5％〉	1419.4万人〈11.1％〉
2025年 〈 〉は割合（ ）は倍率	117.7万人〈16.8％〉（2.00倍）	108.2万人〈18.1％〉（1.92倍）	148.5万人〈16.5％〉（1.87倍）	152.8万人〈18.2％〉（1.81倍）	116.6万人〈15.9％〉（1.77倍）	197.7万人〈15.0％〉（1.60倍）	～	29.5万人〈19.4％〉（1.16倍）	13.7万人〈22.1％〉（1.15倍）	20.7万人〈20.6％〉（1.15倍）	2178.67万人〈18.1％〉（1.53倍）

出典：社会保障審議会介護保険部会「介護保険を取り巻く状況」2013年

（2）介護人材の不足

　介護保険制度の施行後、介護職員数は増加し、10年間で倍以上となっています。そして、団塊の世代が75歳を迎える2025（平成37）年には、介護職員はさらに1.5倍以上必要と推計されています。現在でも、「人材募集を行ってもなかなか人が集まらない」「採用してもすぐに辞めてしまう」というような話をよく耳にします。介護サービス事業は労働集約型産業でもあり、「ヒト」が「ヒト」に対してサービスを提供する特性上、今後ますます、介護人材の採用・確保対策、育成・定着対策に力を注ぐ必要があります。

【資料2-3】介護職員の推移と見通し

	2000年度 (平成12年度)	2012年度 (平成24年度) (推計値)	2015年度 (平成27年度) (推計値)	2025年度 (平成37年度) (推計値)
介護職員	55万人	149万人	167～176 (164～172万人)	237～249万人 (218～229万人)

出典：厚生労働省「介護サービス施設・事業所調査」、「医療・介護に係る長期推計」
(注1) 2015年度・2025年度の数値は社会保障・税一体改革におけるサービス提供体制改革を前提とした改革シナリオによる。()内は現状をそのまま将来に当てはめた現状投影シナリオによる数値。
(注2) 2015年、2025年の推計値に幅があるのは、非常勤比率の変動を見込んでいることによるもの。

(2010年10月1日現在)	合計	常勤	非常勤	介護保険施設			居宅サービス等		
				合計	常勤	非常勤	合計	常勤	非常勤
介護職員	133.4万人	80.1万人 60.0%	53.3万人 40.0%	33.9万人	28.1万人 83.2%	5.7万人 16.8%	99.5万人	51.9万人 52.1%	47.6万人 47.9%

出典：厚生労働省「介護サービス施設・事業所調査」

【資料2-4】介護人材確保における当面の見通しについて

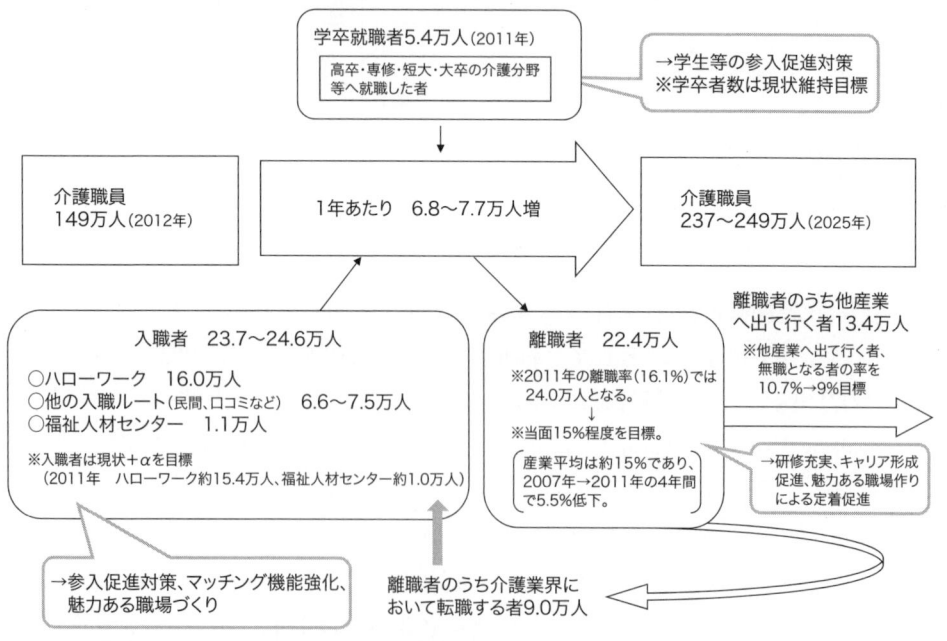

学卒就職者5.4万人(2011年)
　高卒・専修・短大・大卒の介護分野等へ就職した者
→学生等の参入促進対策
※学卒者数は現状維持目標

介護職員 149万人(2012年) → 1年あたり 6.8～7.7万人増 → 介護職員 237～249万人(2025年)

入職者 23.7～24.6万人
○ハローワーク　16.0万人
○他の入職ルート(民間、口コミなど)　6.6～7.5万人
○福祉人材センター　1.1万人
※入職者は現状＋αを目標
(2011年　ハローワーク約15.4万人、福祉人材センター約1.0万人)

→参入促進対策、マッチング機能強化、魅力ある職場づくり

離職者 22.4万人
※2011年の離職率(16.1%)では24.0万人となる。
↓
※当面15%程度を目標。
産業平均は約15%であり、2007年→2011年の4年間で5.5%低下。

離職者のうち他産業へ出て行く者13.4万人
※他産業へ出て行く者、無職となる者の率を10.7%→9%目標
→研修充実、キャリア形成促進、魅力ある職場作りによる定着促進

離職者のうち介護業界において転職する者9.0万人

出典：社会保障審議会介護保険部会「介護人材の確保について」2013年

3 介護労働者アンケート

介護サービス事業を行っていくうえで、採用・雇用管理の部分で押さえておきたいポイントを介護労働実態調査を通じて確認します。

【資料3-1】介護労働実態調査

○雇用管理の状況
1 就業規則・労働条件の明示
(1)非正規職員を対象とした就業規則の作成　　**全体では74%が作成**

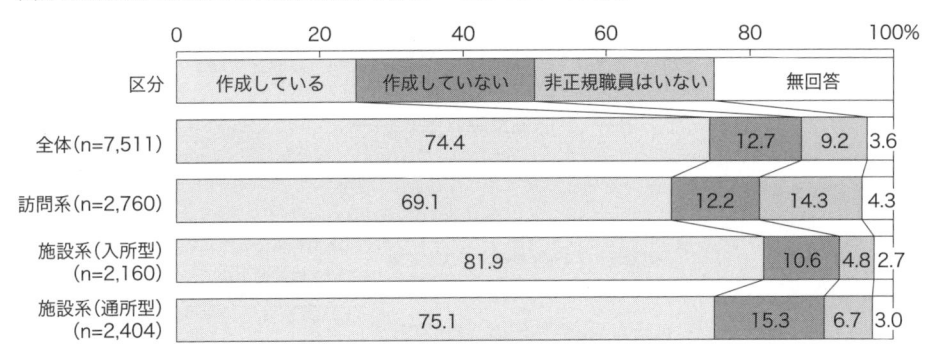

区分	作成している	作成していない	非正規職員はいない	無回答
全体(n=7,511)	74.4	12.7	9.2	3.6
訪問系(n=2,760)	69.1	12.2	14.3	4.3
施設系(入所型)(n=2,160)	81.9	10.6	4.8	2.7
施設系(通所型)(n=2,404)	75.1	15.3	6.7	3.0

(2)非正規職員の採用時の労働条件の明示

69%は雇用契約書等の書面による

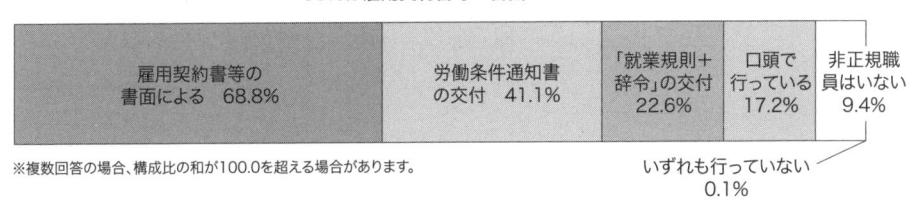

雇用契約書等の書面による　68.8%	労働条件通知書の交付　41.1%	「就業規則+辞令」の交付　22.6%	口頭で行っている　17.2%	非正規職員はいない　9.4%

※複数回答の場合、構成比の和が100.0を超える場合があります。　　いずれも行っていない 0.1%

2 訪問介護員、介護職員の採用・離職の状況 (2011年10月1日～2012年9月30日)

(1) 就業形態別　採用率・離職率　**介護職員（非正規）の採用率、離職率が高い**

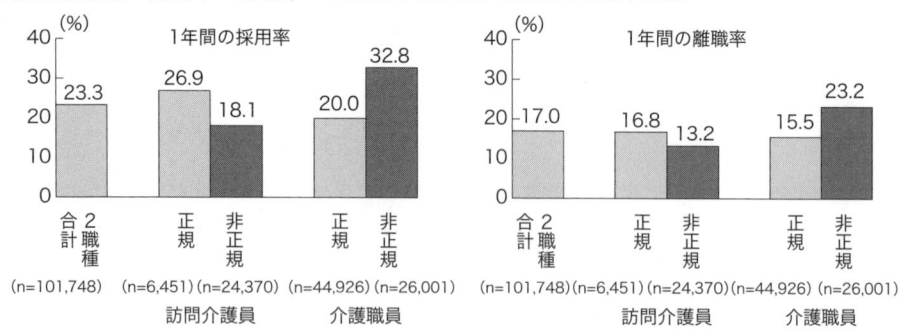

1年間の採用率 (%)
- 合計2職種: 23.3 (n=101,748)
- 訪問介護員 正規: 26.9 (n=6,451)
- 訪問介護員 非正規: 18.1 (n=24,370)
- 介護職員 正規: 20.0 (n=44,926)
- 介護職員 非正規: 32.8 (n=26,001)

1年間の離職率 (%)
- 合計2職種: 17.0 (n=101,748)
- 訪問介護員 正規: 16.8 (n=6,451)
- 訪問介護員 非正規: 13.2 (n=24,370)
- 介護職員 正規: 15.5 (n=44,926)
- 介護職員 非正規: 23.2 (n=26,001)

(2) 事業所の所在地別　**政令指定都市、市・区で採用率、離職率が高い**

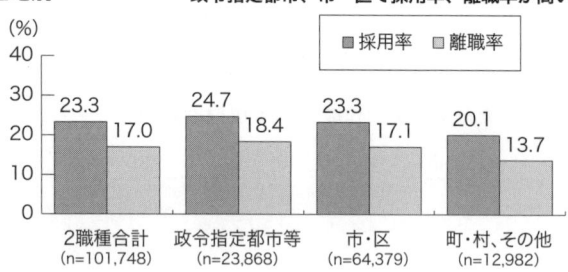

	採用率 (%)	離職率 (%)
2職種合計 (n=101,748)	23.3	17.0
政令指定都市等 (n=23,868)	24.7	18.4
市・区 (n=64,379)	23.3	17.1
町・村、その他 (n=12,982)	20.1	13.7

(3) 離職者の勤務年数

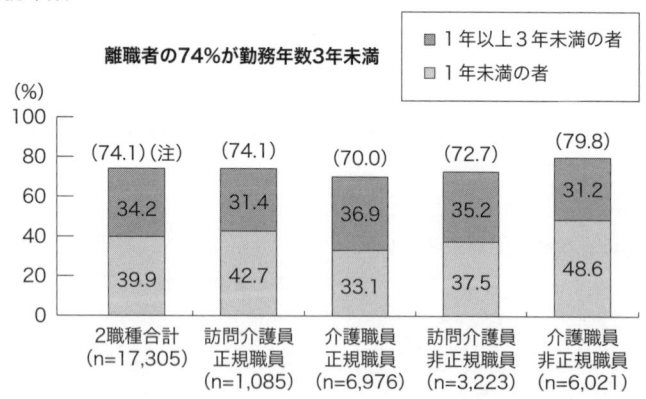

離職者の74%が勤務年数3年未満

	1年未満の者	1年以上3年未満の者	合計(%)
2職種合計 (n=17,305)	39.9	34.2	(74.1)（注）
訪問介護員 正規職員 (n=1,085)	42.7	31.4	(74.1)
介護職員 正規職員 (n=6,976)	33.1	36.9	(70.0)
訪問介護員 非正規職員 (n=3,223)	37.5	35.2	(72.7)
介護職員 非正規職員 (n=6,021)	48.6	31.2	(79.8)

（　）内は1年間の離職者のうち1年未満の者と1年以上3年未満の者の合計割合

(4) 離職率について法人格・職種別の事業所割合

① 法人格別　離職率

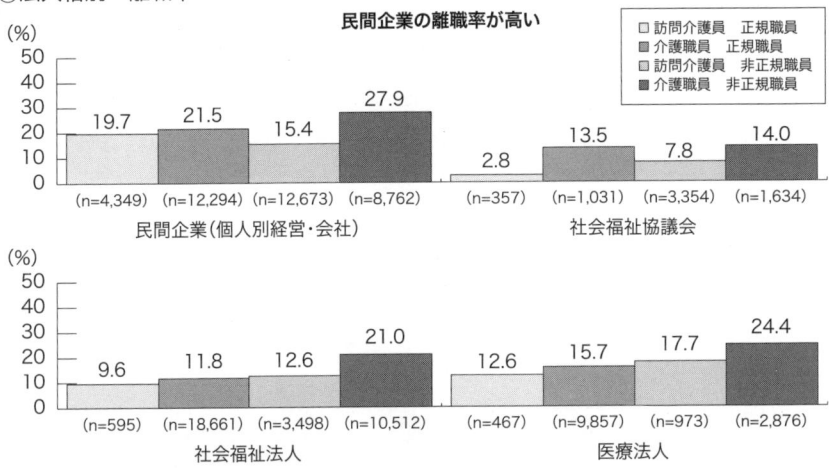

民間企業の離職率が高い

凡例：
□ 訪問介護員　正規職員
■ 介護職員　正規職員
□ 訪問介護員　非正規職員
■ 介護職員　非正規職員

民間企業（個人別経営・会社）
- 訪問介護員 正規職員：19.7% (n=4,349)
- 介護職員 正規職員：21.5% (n=12,294)
- 訪問介護員 非正規職員：15.4% (n=12,673)
- 介護職員 非正規職員：27.9% (n=8,762)

社会福祉協議会
- 訪問介護員 正規職員：2.8% (n=357)
- 介護職員 正規職員：13.5% (n=1,031)
- 訪問介護員 非正規職員：7.8% (n=3,354)
- 介護職員 非正規職員：14.0% (n=1,634)

社会福祉法人
- 訪問介護員 正規職員：9.6% (n=595)
- 介護職員 正規職員：11.8% (n=18,661)
- 訪問介護員 非正規職員：12.6% (n=3,498)
- 介護職員 非正規職員：21.0% (n=10,512)

医療法人
- 訪問介護員 正規職員：12.6% (n=467)
- 介護職員 正規職員：15.7% (n=9,857)
- 訪問介護員 非正規職員：17.7% (n=973)
- 介護職員 非正規職員：24.4% (n=2,876)

(5) 離職率について事業所規模・事業開始経過年数別の事業所の割合

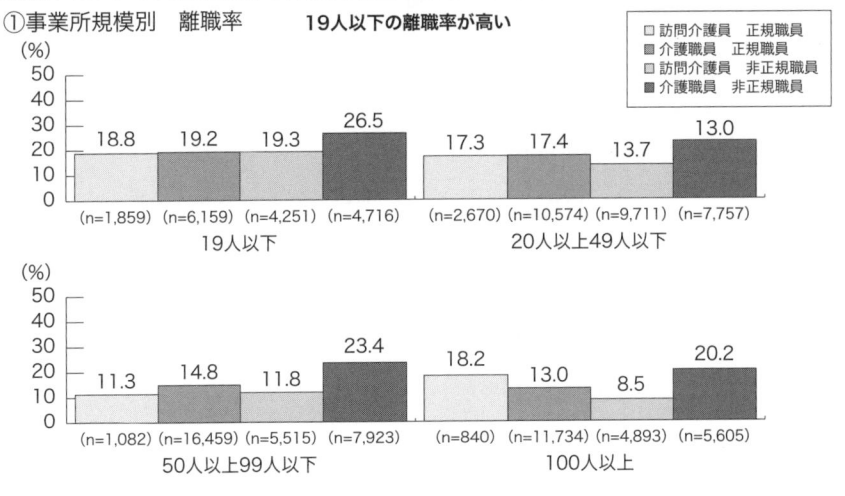

① 事業所規模別　離職率

19人以下の離職率が高い

19人以下
- 訪問介護員 正規職員：18.8% (n=1,859)
- 介護職員 正規職員：19.2% (n=6,159)
- 訪問介護員 非正規職員：19.3% (n=4,251)
- 介護職員 非正規職員：26.5% (n=4,716)

20人以上49人以下
- 訪問介護員 正規職員：17.3% (n=2,670)
- 介護職員 正規職員：17.4% (n=10,574)
- 訪問介護員 非正規職員：13.7% (n=9,711)
- 介護職員 非正規職員：13.0% (n=7,757)

50人以上99人以下
- 訪問介護員 正規職員：11.3% (n=1,082)
- 介護職員 正規職員：14.8% (n=16,459)
- 訪問介護員 非正規職員：11.8% (n=5,515)
- 介護職員 非正規職員：23.4% (n=7,923)

100人以上
- 訪問介護員 正規職員：18.2% (n=840)
- 介護職員 正規職員：13.0% (n=11,734)
- 訪問介護員 非正規職員：8.5% (n=4,893)
- 介護職員 非正規職員：20.2% (n=5,605)

② 事業開始後経過年数別　離職率

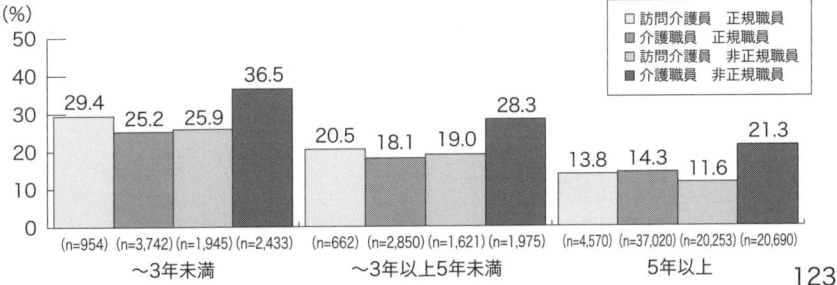

～3年未満
- 訪問介護員 正規職員：29.4% (n=954)
- 介護職員 正規職員：25.2% (n=3,742)
- 訪問介護員 非正規職員：25.9% (n=1,945)
- 介護職員 非正規職員：36.5% (n=2,433)

～3年以上5年未満
- 訪問介護員 正規職員：20.5% (n=662)
- 介護職員 正規職員：18.1% (n=2,850)
- 訪問介護員 非正規職員：19.0% (n=1,621)
- 介護職員 非正規職員：28.3% (n=1,975)

5年以上
- 訪問介護員 正規職員：13.8% (n=4,570)
- 介護職員 正規職員：14.3% (n=37,020)
- 訪問介護員 非正規職員：11.6% (n=20,253)
- 介護職員 非正規職員：21.3% (n=20,690)

(6) 離職率の前年対比較

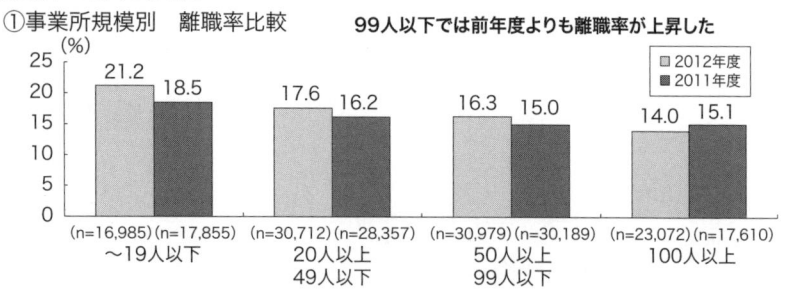

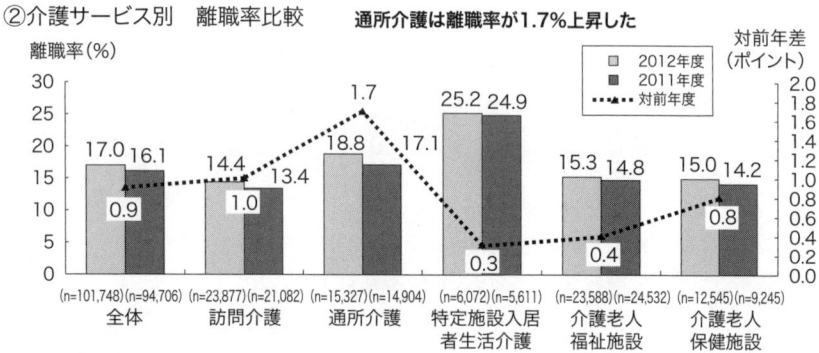

① 事業所規模別　離職率比較

99人以下では前年度よりも離職率が上昇した

規模	2012年度	2011年度	n (2012)	n (2011)
～19人以下	21.2	18.5	16,985	17,855
20人以上49人以下	17.6	16.2	30,712	28,357
50人以上99人以下	16.3	15.0	30,979	30,189
100人以上	14.0	15.1	23,072	17,610

② 介護サービス別　離職率比較

通所介護は離職率が1.7%上昇した

サービス	2012年度 (%)	2011年度 (%)	対前年度差 (ポイント)	n (2012)	n (2011)
全体	17.0	16.1	0.9	101,748	94,706
訪問介護	14.4	13.4	1.0	23,877	21,082
通所介護	18.8	17.1	1.7	15,327	14,904
特定施設入居者生活介護	25.2	24.9	0.3	6,072	5,611
介護老人福祉施設	15.3	14.8	0.4	23,588	24,532
介護老人保健施設	15.0	14.2	0.8	12,545	9,245

3 派遣労働者の受け入れ状況

(1) 派遣労働者の受け入れ事業所の割合

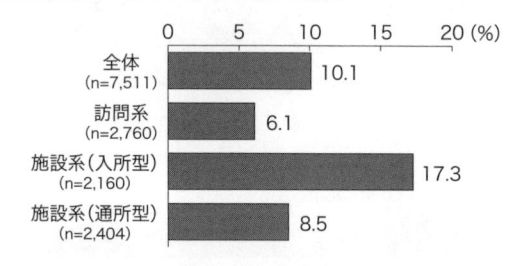

区分	割合 (%)
全体 (n=7,511)	10.1
訪問系 (n=2,760)	6.1
施設系(入所型) (n=2,160)	17.3
施設系(通所型) (n=2,404)	8.5

全体の10%が派遣労働者を受け入れている
施設系(入所型)では17%が受け入れている

(2) 受け入れ事業所での従業員に対する派遣労働者の割合

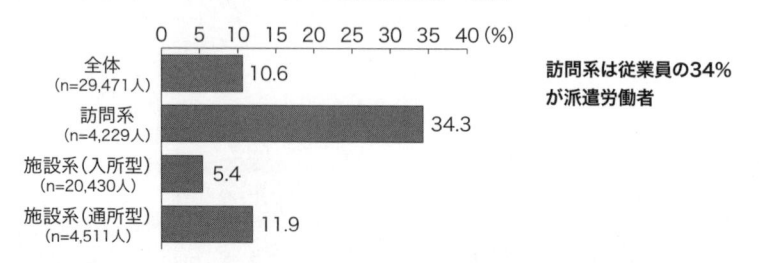

区分	割合 (%)
全体 (n=29,471人)	10.6
訪問系 (n=4,229人)	34.3
施設系(入所型) (n=20,430人)	5.4
施設系(通所型) (n=4,511人)	11.9

訪問系は従業員の34%が派遣労働者

4 従業員の定着について
(1)定着率に対する事業者の認識

68%が定着率は低くないとの認識

| 定着率が低く困っている 16.3% | 定着率は低いが困っていない 9.2% | 定着率は低くない 68.2% | 無回答 6.3% |

◆定着率の認識と実際の離職率

「困っている」、「困っていない」と回答した事業所の離職率の差は2%

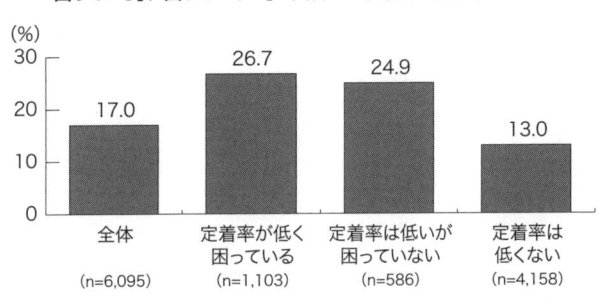

(%)
- 全体 (n=6,095): 17.0
- 定着率が低く困っている (n=1,103): 26.7
- 定着率は低いが困っていない (n=586): 24.9
- 定着率は低くない (n=4,158): 13.0

5 早期離職者防止及び定着促進の方策
(1)定着率向上の為の取り組み

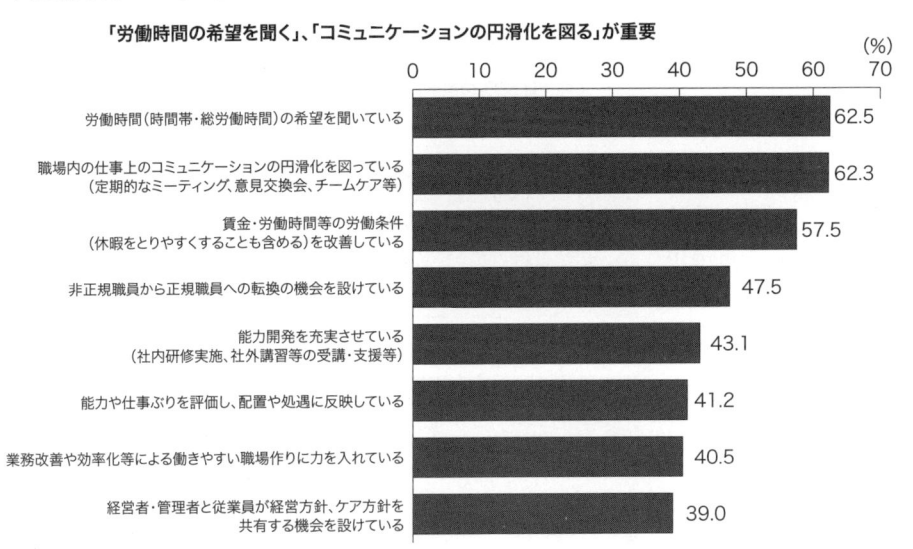

「労働時間の希望を聞く」、「コミュニケーションの円滑化を図る」が重要

取り組み	(%)
労働時間(時間帯・総労働時間)の希望を聞いている	62.5
職場内の仕事上のコミュニケーションの円滑化を図っている(定期的なミーティング、意見交換会、チームケア等)	62.3
賃金・労働時間等の労働条件(休暇をとりやすくすることも含める)を改善している	57.5
非正規職員から正規職員への転換の機会を設けている	47.5
能力開発を充実させている(社内研修実施、社外講習等の受講・支援等)	43.1
能力や仕事ぶりを評価し、配置や処遇に反映している	41.2
業務改善や効率化等による働きやすい職場作りに力を入れている	40.5
経営者・管理者と従業員が経営方針、ケア方針を共有する機会を設けている	39.0

6 従業員の過不足状況

前年度と比較して　不足感は4.3ポイント増加

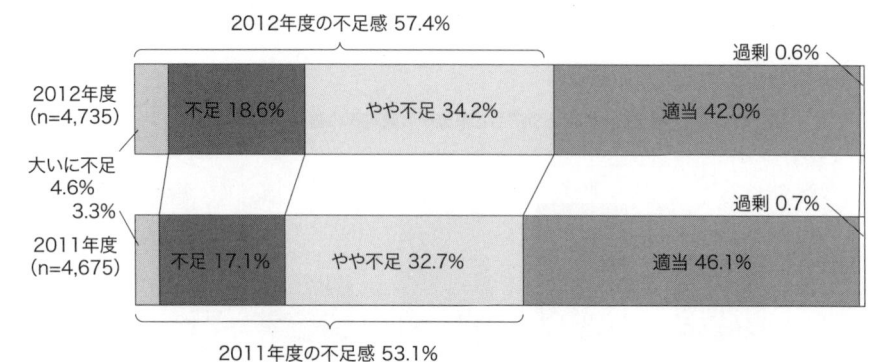

2012年度の不足感 57.4%

2012年度 (n=4,735)
- 大いに不足 4.6%
- 不足 18.6%
- やや不足 34.2%
- 適当 42.0%
- 過剰 0.6%

2011年度 (n=4,675)
- 3.3%
- 不足 17.1%
- やや不足 32.7%
- 適当 46.1%
- 過剰 0.7%

2011年度の不足感 53.1%

7 雇用管理責任者の選任状況

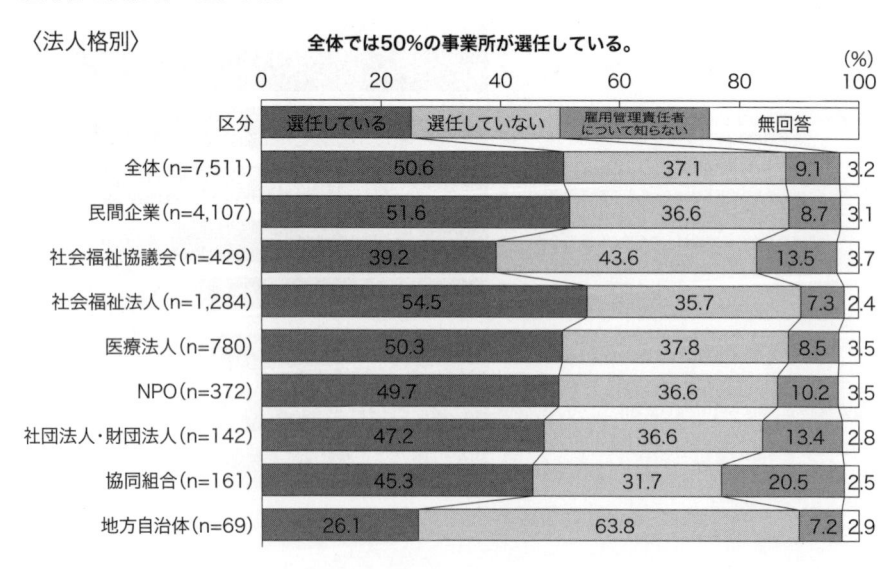

〈法人格別〉

全体では50%の事業所が選任している。

区分：選任している／選任していない／雇用管理責任者について知らない／無回答 (%)

区分	選任している	選任していない	雇用管理責任者について知らない	無回答
全体(n=7,511)	50.6	37.1	9.1	3.2
民間企業(n=4,107)	51.6	36.6	8.7	3.1
社会福祉協議会(n=429)	39.2	43.6	13.5	3.7
社会福祉法人(n=1,284)	54.5	35.7	7.3	2.4
医療法人(n=780)	50.3	37.8	8.5	3.5
NPO(n=372)	49.7	36.6	10.2	3.5
社団法人・財団法人(n=142)	47.2	36.6	13.4	2.8
協同組合(n=161)	45.3	31.7	20.5	2.5
地方自治体(n=69)	26.1	63.8	7.2	2.9

○介護労働者の個別状況（事業所における介護労働者の個別状況［最大20名／事業所］）

1 介護労働者の属性

(1)性別

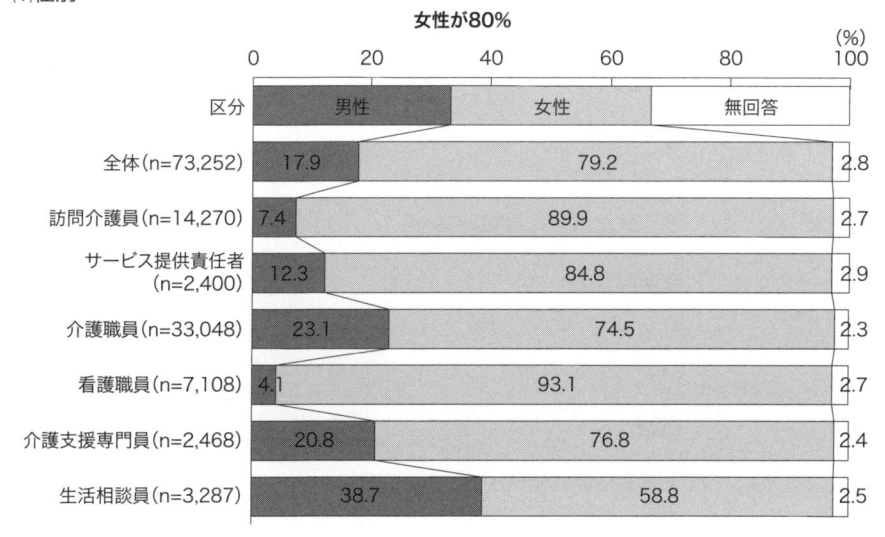

女性が80%

区分	男性	女性	無回答
全体（n=73,252）	17.9	79.2	2.8
訪問介護員（n=14,270）	7.4	89.9	2.7
サービス提供責任者（n=2,400）	12.3	84.8	2.9
介護職員（n=33,048）	23.1	74.5	2.3
看護職員（n=7,108）	4.1	93.1	2.7
介護支援専門員（n=2,468）	20.8	76.8	2.4
生活相談員（n=3,287）	38.7	58.8	2.5

(2)介護従事者の年齢

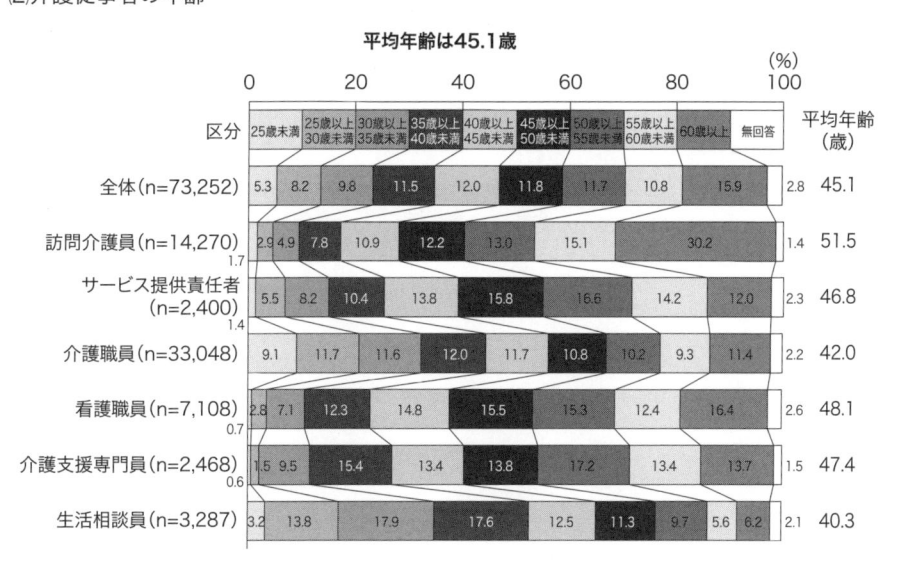

平均年齢は45.1歳

区分	25歳未満	25歳以上30歳未満	30歳以上35歳未満	35歳以上40歳未満	40歳以上45歳未満	45歳以上50歳未満	50歳以上55歳未満	55歳以上60歳未満	60歳以上	無回答	平均年齢（歳）
全体（n=73,252）	5.3	8.2	9.8	11.5	12.0	11.8	11.7	10.8	15.9	2.8	45.1
訪問介護員（n=14,270）	1.7	2.9	4.9	7.8	10.9	12.2	13.0	15.1	30.2	1.4	51.5
サービス提供責任者（n=2,400）	1.4	5.5	8.2	10.4	13.8	15.8	16.6	14.2	12.0	2.3	46.8
介護職員（n=33,048）	9.1	11.7	11.6	12.0	11.7	10.8	10.2	9.3	11.4	2.2	42.0
看護職員（n=7,108）	0.7	2.8	7.1	12.3	14.8	15.5	15.3	12.4	16.4	2.6	48.1
介護支援専門員（n=2,468）	0.6	1.5	9.5	15.4	13.4	13.8	17.2	13.4	13.7	1.5	47.4
生活相談員（n=3,287）	3.2	13.8	17.9	17.6	12.5	11.3	9.7	5.6	6.2	2.1	40.3

(3)介護従事者の保有資格（複数回答）

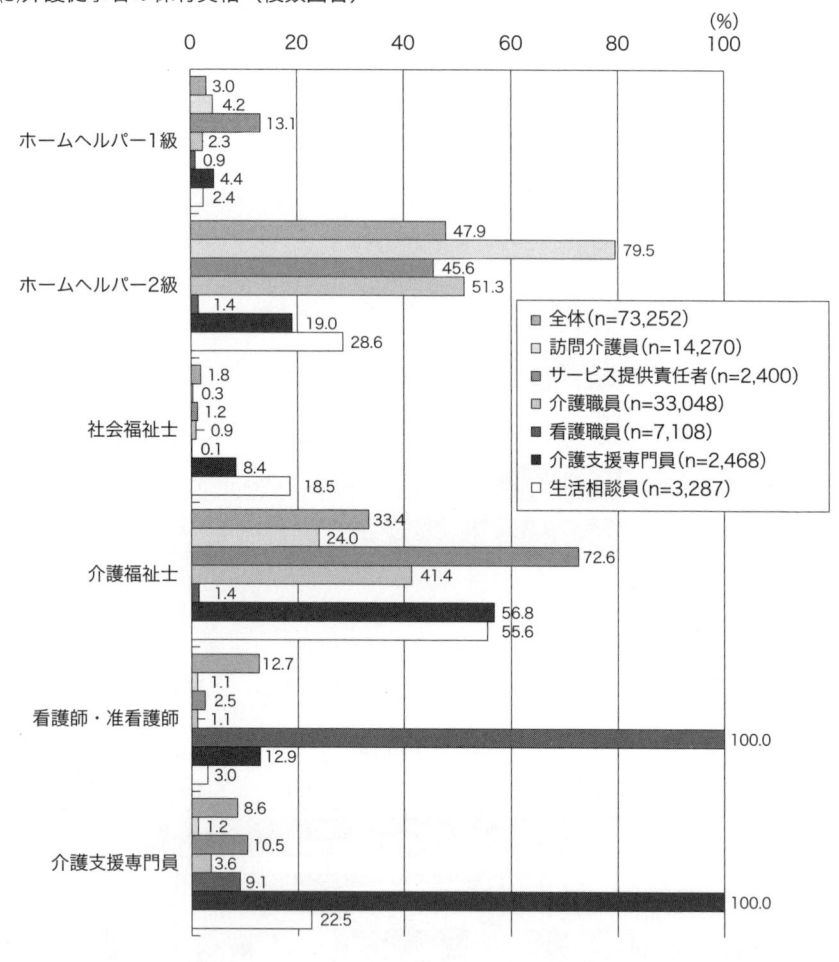

凡例:
- 全体(n=73,252)
- 訪問介護員(n=14,270)
- サービス提供責任者(n=2,400)
- 介護職員(n=33,048)
- 看護職員(n=7,108)
- 介護支援専門員(n=2,468)
- 生活相談員(n=3,287)

ホームヘルパー1級
- 全体: 3.0
- 訪問介護員: 4.2
- サービス提供責任者: 13.1
- 介護職員: 2.3
- 看護職員: 0.9
- 介護支援専門員: 4.4
- 生活相談員: 2.4

ホームヘルパー2級
- 全体: 47.9
- 訪問介護員: 79.5
- サービス提供責任者: 45.6
- 介護職員: 51.3
- 看護職員: 1.4
- 介護支援専門員: 19.0
- 生活相談員: 28.6

社会福祉士
- 全体: 1.8
- 訪問介護員: 0.3
- サービス提供責任者: 1.2
- 介護職員: 0.9
- 看護職員: 0.1
- 介護支援専門員: 8.4
- 生活相談員: 18.5

介護福祉士
- 全体: 33.4
- 訪問介護員: 24.0
- サービス提供責任者: 72.6
- 介護職員: 41.4
- 看護職員: 1.4
- 介護支援専門員: 56.8
- 生活相談員: 55.6

看護師・准看護師
- 全体: 12.7
- 訪問介護員: 1.1
- サービス提供責任者: 2.5
- 介護職員: 1.1
- 看護職員: 100.0
- 介護支援専門員: 12.9
- 生活相談員: 3.0

介護支援専門員
- 全体: 8.6
- 訪問介護員: 1.2
- サービス提供責任者: 10.5
- 介護職員: 3.6
- 看護職員: 9.1
- 介護支援専門員: 100.0
- 生活相談員: 22.5

(4)介護職員の採用状況

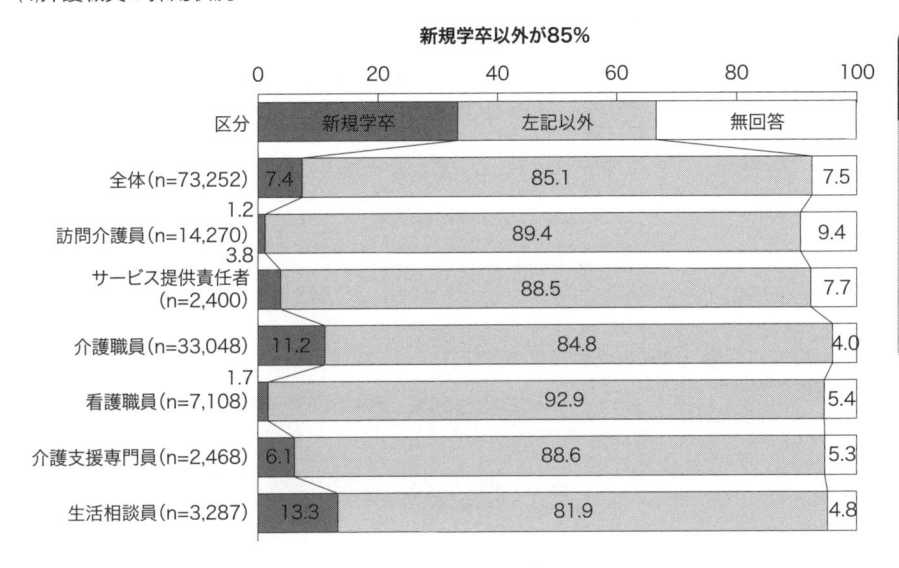

新規学卒以外が85％

区分	新規学卒	左記以外	無回答
全体(n=73,252)	7.4	85.1	7.5
訪問介護員(n=14,270)	1.2	89.4	9.4
サービス提供責任者(n=2,400)	3.8	88.5	7.7
介護職員(n=33,048)	11.2	84.8	4.0
看護職員(n=7,108)	1.7	92.9	5.4
介護支援専門員(n=2,468)	6.1	88.6	5.3
生活相談員(n=3,287)	13.3	81.9	4.8

(5)介護職員の勤続年数

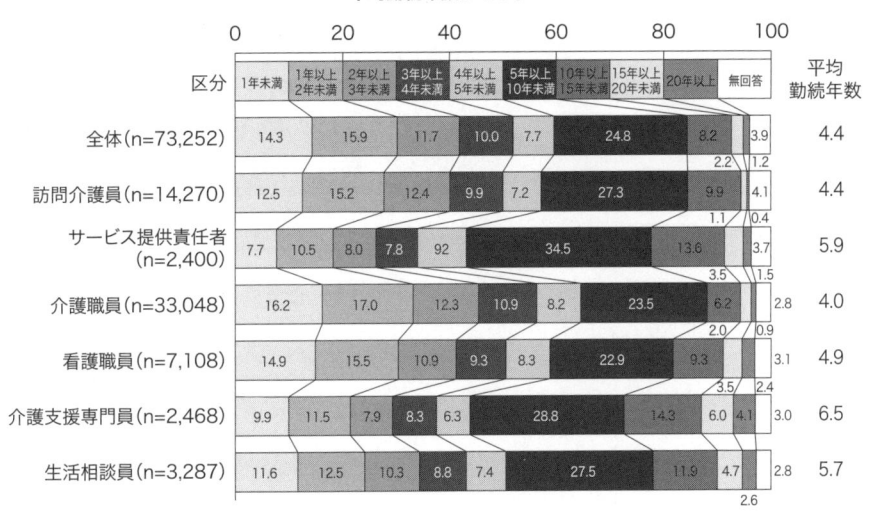

平均勤続年数は4.4年

区分	1年未満	1年以上2年未満	2年以上3年未満	3年以上4年未満	4年以上5年未満	5年以上10年未満	10年以上15年未満	15年以上20年未満	20年以上	無回答	平均勤続年数
全体(n=73,252)	14.3	15.9	11.7	10.0	7.7	24.8	8.2	2.2	1.2	3.9	4.4
訪問介護員(n=14,270)	12.5	15.2	12.4	9.9	7.2	27.3	9.9	1.1	0.4	4.1	4.4
サービス提供責任者(n=2,400)	7.7	10.5	8.0	7.8	9.2	34.5	13.6	3.5	1.5	3.7	5.9
介護職員(n=33,048)	16.2	17.0	12.3	10.9	8.2	23.5	6.2	2.0	0.9	2.8	4.0
看護職員(n=7,108)	14.9	15.5	10.9	9.3	8.3	22.9	9.3	3.5	2.4	3.1	4.9
介護支援専門員(n=2,468)	9.9	11.5	7.9	8.3	6.3	28.8	14.3	6.0	4.1	3.0	6.5
生活相談員(n=3,287)	11.6	12.5	10.3	8.8	7.4	27.5	11.9	4.7	2.6	2.8	5.7

2 賃金
(1) 賃金の支払形態（労働者）
① 就業形態別

非正規職員の85%は時間給

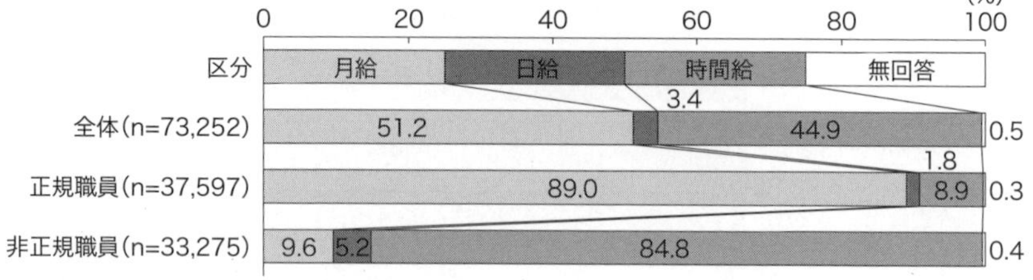

区分	月給	日給	時間給	無回答
全体(n=73,252)	51.2	3.4	44.9	0.5
正規職員(n=37,597)	89.0	1.8	8.9	0.3
非正規職員(n=33,275)	9.6	5.2	84.8	0.4

(2) 賃金の支払形態（管理者と労働者の比較）
① 就業形態別

管理者の96%、労働者の51%は月給

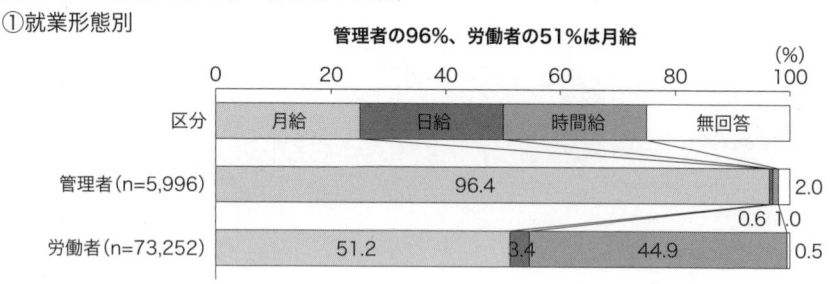

区分	月給	日給	時間給	無回答
管理者(n=5,996)	96.4	0.6	1.0	2.0
労働者(n=73,252)	51.2	3.4	44.9	0.5

(3) 賃金の支払形態
① 職種別

訪問介護員の83%は時間給

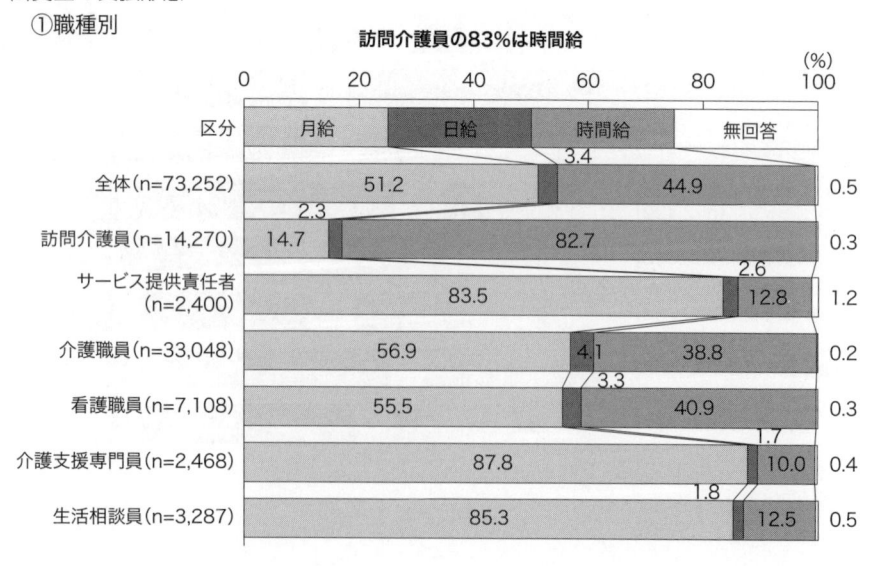

区分	月給	日給	時間給	無回答
全体(n=73,252)	51.2	3.4	44.9	0.5
訪問介護員(n=14,270)	14.7	2.3	82.7	0.3
サービス提供責任者(n=2,400)	83.5	2.6	12.8	1.2
介護職員(n=33,048)	56.9	4.1	38.8	0.2
看護職員(n=7,108)	55.5	3.3	40.9	0.3
介護支援専門員(n=2,468)	87.8	1.7	10.0	0.4
生活相談員(n=3,287)	85.3	1.8	12.5	0.5

(4) 所定内賃金（労働者）

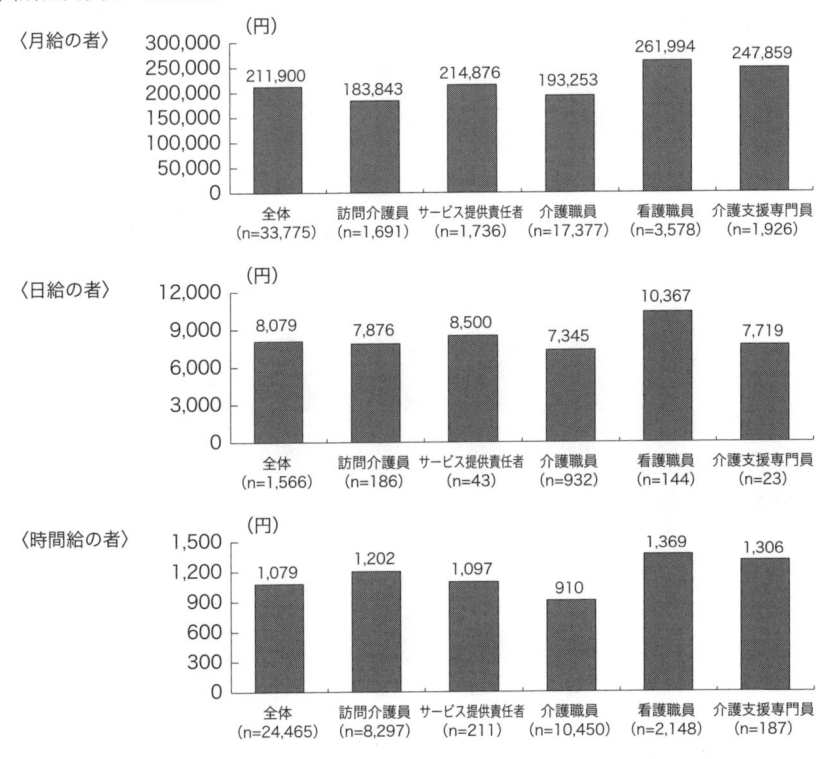

〈月給の者〉 (円)

区分	金額（円）
全体 (n=33,775)	211,900
訪問介護員 (n=1,691)	183,843
サービス提供責任者 (n=1,736)	214,876
介護職員 (n=17,377)	193,253
看護職員 (n=3,578)	261,994
介護支援専門員 (n=1,926)	247,859

〈日給の者〉 (円)

区分	金額（円）
全体 (n=1,566)	8,079
訪問介護員 (n=186)	7,876
サービス提供責任者 (n=43)	8,500
介護職員 (n=932)	7,345
看護職員 (n=144)	10,367
介護支援専門員 (n=23)	7,719

〈時間給の者〉 (円)

区分	金額（円）
全体 (n=24,465)	1,079
訪問介護員 (n=8,297)	1,202
サービス提供責任者 (n=211)	1,097
介護職員 (n=10,450)	910
看護職員 (n=2,148)	1,369
介護支援専門員 (n=187)	1,306

資料　採用にかかわる制度と現状

(5) 実賃金（労働者）

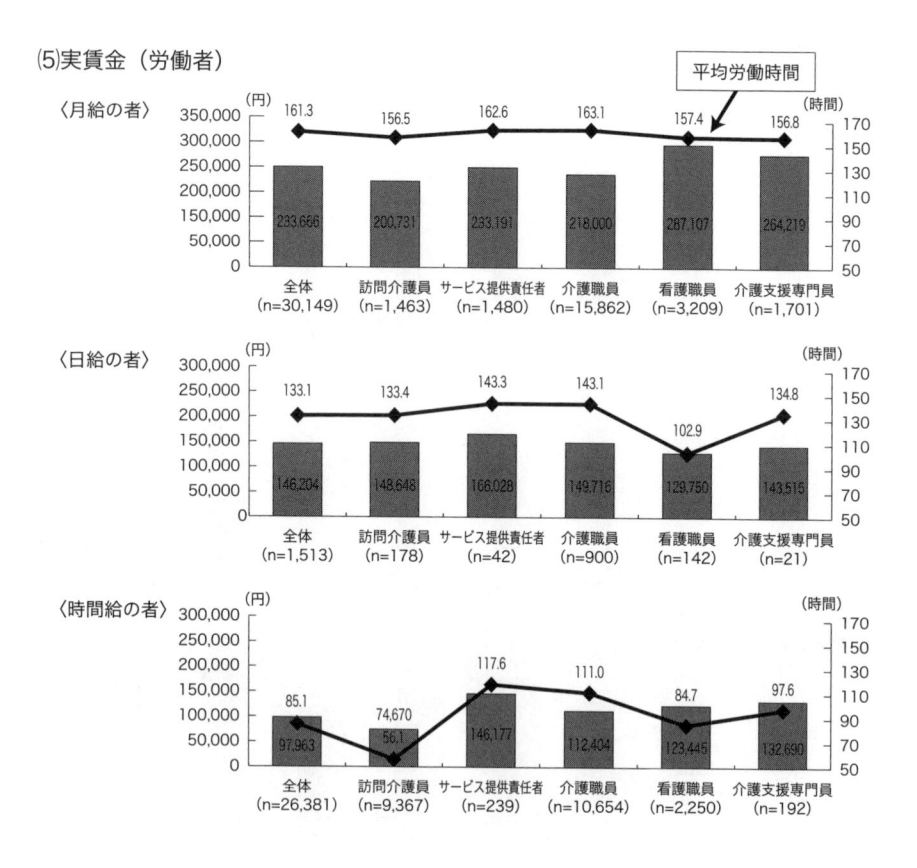

〈月給の者〉

区分	実賃金(円)	平均労働時間(時間)
全体 (n=30,149)	233,666	161.3
訪問介護員 (n=1,463)	200,731	156.5
サービス提供責任者 (n=1,480)	233,191	162.6
介護職員 (n=15,862)	218,000	163.1
看護職員 (n=3,209)	287,107	157.4
介護支援専門員 (n=1,701)	264,219	156.8

〈日給の者〉

区分	実賃金(円)	平均労働時間(時間)
全体 (n=1,513)	146,204	133.1
訪問介護員 (n=178)	148,648	133.4
サービス提供責任者 (n=42)	166,028	143.3
介護職員 (n=900)	149,716	143.1
看護職員 (n=142)	129,750	102.9
介護支援専門員 (n=21)	143,515	134.8

〈時間給の者〉

区分	実賃金(円)	平均労働時間(時間)
全体 (n=26,381)	97,963	85.1
訪問介護員 (n=9,367)	56,1	74,670
サービス提供責任者 (n=239)	146,177	117.6
介護職員 (n=10,654)	112,404	111.0
看護職員 (n=2,250)	123,445	84.7
介護支援専門員 (n=192)	132,690	97.6

(6) 賃金（管理者と労働者の比較）

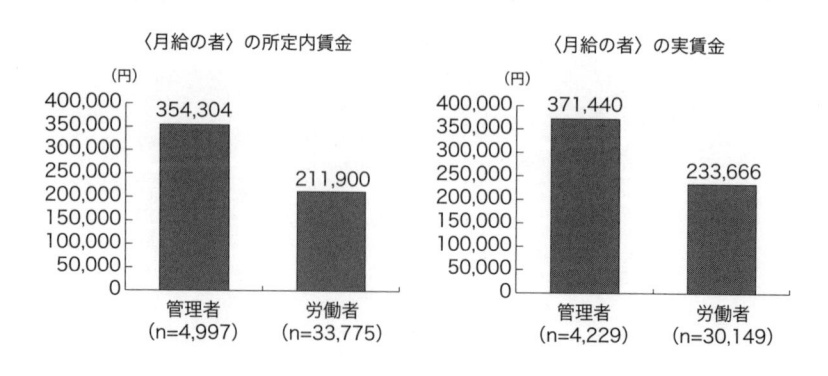

〈月給の者〉の所定内賃金

区分	賃金(円)
管理者 (n=4,997)	354,304
労働者 (n=33,775)	211,900

〈月給の者〉の実賃金

区分	賃金(円)
管理者 (n=4,229)	371,440
労働者 (n=30,149)	233,666

3　1か月の労働時間数（労働者）

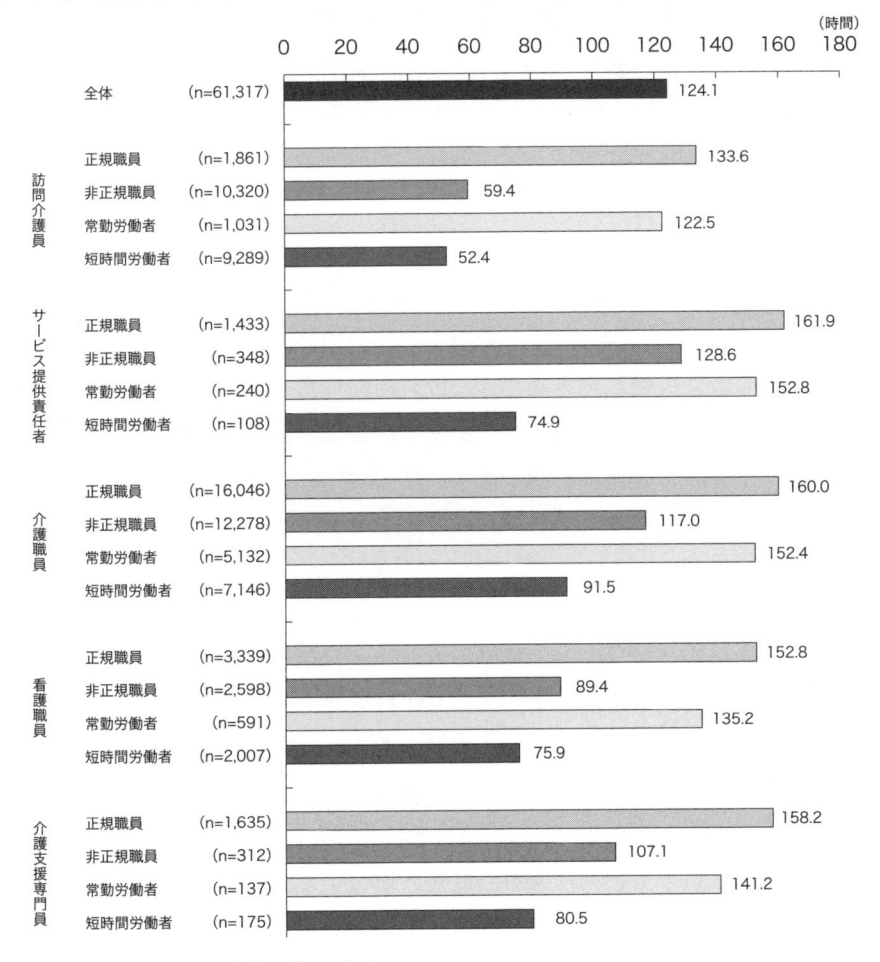

(時間)

			時間数
	全体	(n=61,317)	124.1
訪問介護員	正規職員	(n=1,861)	133.6
	非正規職員	(n=10,320)	59.4
	常勤労働者	(n=1,031)	122.5
	短時間労働者	(n=9,289)	52.4
サービス提供責任者	正規職員	(n=1,433)	161.9
	非正規職員	(n=348)	128.6
	常勤労働者	(n=240)	152.8
	短時間労働者	(n=108)	74.9
介護職員	正規職員	(n=16,046)	160.0
	非正規職員	(n=12,278)	117.0
	常勤労働者	(n=5,132)	152.4
	短時間労働者	(n=7,146)	91.5
看護職員	正規職員	(n=3,339)	152.8
	非正規職員	(n=2,598)	89.4
	常勤労働者	(n=591)	135.2
	短時間労働者	(n=2,007)	75.9
介護支援専門員	正規職員	(n=1,635)	158.2
	非正規職員	(n=312)	107.1
	常勤労働者	(n=137)	141.2
	短時間労働者	(n=175)	80.5

出典：介護労働安定センター『介護労働実態調査結果について』

資料　採用にかかわる制度と現状

4 介護保険事業に関わる職種および人員

(1) 人員基準

　介護サービスを行うには、介護保険法および厚生労働省令によって定められた人員基準を満たさなければなりません。人員基準は各介護サービスごとに定められています。ここでは、事業所数の多い介護サービスについて説明します。

(2) 常勤換算

　介護サービスでは、よく常勤換算という言葉が出てきます。常勤換算は、人員基準を満たすため、必ず押さえておかなければならない考え方です。常勤換算とは、当該事業所の従業者の勤務延時間数を当該事業所において常勤従業者が勤務すべき時間（週当たり32時間を下回る場合は32時間を基本）で割ることにより、当該事業所の従業者の員数を常勤の従業者の員数に換算する方法をいいます。

【資料4-1】1施設・事業所当たり常勤換算従事者数

2011年10月1日現在
単位：人

	訪問系			通所系			その他			介護保健施設		
	訪問介護	訪問入浴介護	訪問看護ステーション	通所介護	通所リハビリテーション 介護老人保健施設	医療施設	短期入所生活介護[5]	特定施設入居者生活介護	認知症対応型共同生活介護	介護老人福祉施設	介護老人保健施設	介護療養型医療施設[6]
総数	8.2	5.5	5.9	9.2	11.3	9.9	19.8	25.9	13.0	47.1	54.2	34.3
医師	…	…	…	0.0	0.6	0.7	0.2	…	…	0.2	1.1	2.4
看護師	…	0.9	4.2	0.5	0.5	0.8	0.9	1.6	＊0.2	2.0	4.6	5.6
准看護師	…	0.8	0.4	0.6	0.5	0.6	0.9	1.1	＊0.2	2.0	5.6	6.5
機能訓練指導員	…	…	…	0.6	…	…	0.4	0.5	…	0.8	…	…
理学療法士	…	…	0.6	※0.1	1.0	1.1	※0.0	※0.1	…	※0.1	1.5	1.4
作業療法士	…	…	0.3	※0.0	0.7	0.5	※0.0	※0.0	…	※0.1	1.3	0.8
言語聴覚士	…	…	0.0	※0.0	0.1	0.1	※0.0	※0.0	…	※0.0	0.2	0.3
柔道整復師	…	…	…	※0.0	…	…	※0.0	※0.0	…	…	…	…
あん摩マッサージ指圧師	…	…	…	※0.0	…	…	※0.0	※0.0	…	※0.1	…	…
介護支援専門員・計画作成担当者	…	…	…	…	…	…	0.4	0.9	0.9	1.2	1.5	1.0
生活相談員・支援相談員	…	…	…	1.4	…	…	0.8	1.1	…	1.4	1.6	…
社会福祉士（再掲）	…	…	…	0.2	…	…	0.2	0.2	…	0.4	0.7	…
介護職員（訪問介護員）	7.9	3.6	…	5.2	7.9	6.1	13.3	17.4	11.4	31.5	29.5	14.1
介護福祉士（再掲）	2.9	1.0	…	1.6	4.1	2.6	6.4	5.4	3.4	16.1	16.9	5.1
介護職員基礎研究課程修了者（再掲）	0.2	0.0	…	…	…	…	…	…	…	…	…	…
ホームヘルパー1級（再掲）	0.4	0.1	…	…	…	…	…	…	…	…	…	…
ホームヘルパー2級（再掲）	4.4	1.4	…	…	…	…	…	…	…	…	…	…
障害者生活支援員	…	…	…	…	…	…	…	…	…	0.0	…	…
管理栄養士	…	…	…	0.0	…	…	0.4	…	…	0.8	1.0	0.7
栄養士	…	…	…	0.0	…	…	0.2	…	…	0.3	0.3	0.3
歯科衛生士	…	…	…	0.0	0.0	0.0	…	…	…	…	…	…
調理員	…	…	…	0.4	…	…	1.0	…	…	2.3	1.8	…
その他の職員	0.3	0.3	0.3	0.5	…	…	1.3	3.3	0.6	3.7	4.0	…

注：
1) 常勤換算従事者数は調査した職種分のみであり、調査した職種以外は「…」とした。
2) 介護予防のみ行っている事業所は対象外とした。
3) 従事者数不詳の事業所を除いて算出した。
4) 職種については抜粋。
5) 短期入所生活介護は、空床利用型の従事者を含まない。
6) 介護療養型医療施設は、介護療養病床を有する病棟の従事者を含む。
7) 看護師は、保健師及び助産師を含む。
8) ※は機能訓練指導員の再掲である。
9) ＊は介護職員の再掲である。

【資料4-2】1事業所当たり常勤換算看護・介護職員数

(単位:人)　　　　　　　　　　　　　　　　　　　　　　各年10月1日現在

	1事業所当たり 常勤換算 看護・介護職員数 2)		常勤換算看護・介護職員 1人当たり 9月中の延利用者数 3)	
	2011年	2010年	2011年	2010年
(訪問系)				
訪問介護	7.9	7.7	89.3	91.0
訪問入浴介護	5.2	5.2	30.0	30.6
訪問看護ステーション	4.7	4.6	82.2	79.2
(通所系)				
通所介護	6.2	6.2	69.2	70.8
通所リハビリテーション	8.2	8.1	71.9	72.2
介護老人保健施設	8.9	8.8	74.5	74.8
医療施設	7.4	7.3	68.5	68.8
(その他)				
短期入所生活介護 5)	14.1	14.8	25.1	26.3
認知症対応型共同生活介護	11.4	11.3	・	・
特定施設入居者生活介護	19.8	19.8	・	・

注:1)　介護予防のみ行っている事業所は対象外とした。
　　2)　「1事業所当たり常勤換算看護・介護職員数」は、従事者数不詳の事業所を除いて算出した。
　　3)　「常勤換算看護・介護職員1人当たり9月中の延利用者数」は、従事者数不詳の事業所を除いて算出した。
　　4)　看護・介護職員とは保健師、助産師、看護師、准看護師、介護職員のことである。
　　5)　短期入所生活介護は、空床利用型の従事者を含まない。

【資料4-3】介護保険施設の常勤換算看護・介護職員1人当たり在所者数

(単位:人)　　　　　　　　　　　　　　　　　　　　　　各年10月1日現在

	介護老人福祉施設		介護老人保健施設	
	2011年	2010年	2011年	2010年
看護・介護職員	2.0	2.0	2.1	2.1
看護職員	17.7	17.7	8.2	8.2
介護職員	2.2	2.2	2.8	2.8

注:看護職員とは看護師(保健師を含む)、准看護師のことである。

(3) 各介護サービスごとの人員基準

❶訪問系

【資料4-4】訪問介護（ホームヘルプサービス）

職　種	資格要件	人員配置基準
管理者	なし	専らその職務に従事する常勤の者1名
サービス提供責任者	・介護福祉士 ・実務者研修修了者または介護職員基礎研修課程修了者 ・訪問介護員養成研修1級課程修了者 ・介護職員初任者研修課程修了者または訪問介護員養成研修2級課程修了者であって、3年以上介護等の業務に従事した経験を有する者	訪問介護員の中から専ら指定訪問介護の職務に従事する常勤の者を利用者数40人またはその端数を増すごとに1名以上
訪問介護員	・介護福祉士 ・実務者研修修了者または介護職員基礎研修課程修了者 ・介護職員初任者研修課程修了者または訪問介護員養成研修1級～2級課程修了者	常勤換算方法で2.5以上（サービス提供責任者含む）

【資料4-5】訪問看護

職　種	資格要件	人員配置基準
管理者	・保健師、看護師 ・医療機関における看護、訪問看護または老人保健法第19条および健康増進法第17条第1項の規定に基づく訪問指導の業務に従事した経験のある者 ・保健師助産師看護師法第14条第1項および第2項の規程により業務の停止を命ぜられ、業務停止の期間終了後2年を経過しない者に該当しない者	専らその職務に従事する常勤の者1名
看護職員	保健師、看護師、准看護師	常勤換算方法で2.5以上（うち、1名は常勤のこと）
理学療法士、作業療法士または言語聴覚士	（理学療法士、作業療法士または言語聴覚士による訪問看護を実施する場合に配置）	実情に応じた適当数

【資料4-6】訪問入浴介護

職　種	資格要件	人員配置基準
管理者	なし	専らその職務に従事する常勤の者1名
看護職員	看護師、准看護師	1名以上
介護職員	なし	2名以上
※看護職員、介護職員のうち1名以上は常勤の者であること		

❷通所系

【資料4-7】通所介護(デイサービス)

「利用定員10名超」

職　種	資格要件	人員配置基準
管理者	なし	専らその職務に従事する常勤の者1名
生活相談員	社会福祉士、精神保健福祉士、介護福祉士、社会福祉主事任用資格者	事業所ごとに、サービス提供時間開始時刻から終了時刻まで(サービスが提供されていない時間帯を除く)、専らその職務に従事する者を1以上確保するために必要な数
看護職員	看護師、准看護師	通所介護の単位ごとに、その提供を行う時間帯を通じて専従する必要はないが、提供時間帯を通じて事業所と密接かつ適切な連携を図るものとし、その提供に当たる者1名以上
介護職員	なし	通所介護の単位ごとに、その提供を行う時間帯を通じて専ら当該通所介護の提供に当たる者を利用者の数が15人までは1名以上、それ以上5またはその端数を増すごとに1を加えた数以上
機能訓練指導員	理学療法士、作業療法士、言語聴覚士、看護師、准看護師、柔道整復師、あん摩マッサージ指圧師	1名以上
※生活相談員または介護職員のうち1名以上は常勤であること		

「利用定員10名以下」

職　種	資格要件	人員配置基準
管理者	なし	専らその職務に従事する常勤の者1名
生活相談員	社会福祉士、精神保健福祉士、介護福祉士、社会福祉主事任用資格者	事業所ごとに、サービス提供時間開始時刻から終了時刻まで（サービスが提供されていない時間帯を除く）、専らその職務に従事する者を1以上確保するために必要な数
看護職員	看護師、准看護師	通所介護の単位ごとに、平均提供時間数（利用者ごとの提供時間数合計を利用者数で除して得た数）を確保すべき勤務延時間数とする。また、単位ごとに常時1名以上従事が必要
介護職員	なし	
機能訓練指導員	理学療法士、作業療法士、言語聴覚士、看護師、准看護師、柔道整復師、あん摩マッサージ指圧師	1名以上

※生活相談員または看護職員または介護職員のうち1名以上は常勤であること

3 その他

【資料4-8】福祉用具貸与（レンタル）・特定福祉用具販売

職　種	資格要件	人員配置基準
管理者	なし	専らその職務に従事する常勤の者1名
専門相談員	介護福祉士、義肢装具士、保健師、看護師、准看護師、理学療法士、作業療法士、社会福祉士、厚生労働大臣または都道府県知事が指定した講習会の課程を修了した者、介護職員基礎研修課程修了者、ホームヘルパー養成研修1級課程および2級課程修了者、介護職員初任者研修課程修了者、実務者研修修了者	常勤換算方法で2以上

【資料4-9】居宅介護支援（ケアプラン作成）

職　種	資格要件	人員配置基準
管理者	介護支援専門員	専らその職務に従事する常勤の者1名
介護支援専門員	介護支援専門員	指定居宅介護支援の提供に当たる常勤の者1名以上

人員基準については、大阪府および堺市の「事業者指定申請について」を参考にしております。
　資格要件等については、都道府県・市町村によって異なる場合があります。必ず各都道府県・市町村にお問い合わせください。

付録

こんなときにはどうする
Q&A

　採用や労務管理に関して、社会保険労務士に寄せられることが多い質問について、法規等を踏まえた具体的な対応方法と、注意すべきポイントや考え方の基本を解説します。
　自事業所の慣例を見直し、法規に則った対応を行うことは、増加する労使トラブルを回避することにもつながります。

就業規則について
Q：職員6名の事業所です。職員が10名以上の場合には、就業規則を労働基準監督署に届け出なければならないと聞いたのですが、当事業所でも就業規則を作成しなければいけないのでしょうか？ また、就業規則がある場合とない場合では、事業所にどのような影響があるのでしょうか？

A：職場内ルールを確立するため、就業規則を作りましょう。
合理的な労働条件が定められている就業規則を職員に周知させることで、労働契約の内容は就業規則と同一内容となります。事業所は集団行動の場となるので、一定のルールが必要です。一般的に、就業規則において、職場内での行動規範や懲戒ルールを記載しています。職員が10名未満であっても、就業規則を周知することで、職場内モラルを保つ効果があると考えてください。

【説明・ポイント・考え方】

　常時使用する従業員数が10名になったら、施設がある場所を管轄している労働基準監督署に就業規則を提出する義務が生じます。これを怠ると、30万円以下の罰金に処せられることがあります。労働基準法では、就業規則に必ず記載しなければならない項目がいくつか列記されています。一方で、試用期間、人事異動、休職、損害賠償、懲戒解雇などは、必ず記載しなければならない項目ではないため、これらを適用するためには、就業規則に記載し周知しておく必要があります。増加する労使トラブルに対応するためには、就業規則をしっかりと作り込んでおくことで、未然防止やスムーズな解決につながります。もし、パート職員や契約職員がおり、福利厚生制度等が正職員と異なるのならば、就業規則を別に作成しておいたほうがよいでしょう。セクシャルハラスメントの防止など、事業

所がとらなければならない対応も就業規則に盛り込むことで、一定の教育的義務が果たされると考えられます。さらに、行政監査の際には、細かい内容までチェックされることがあり、しっかりした職場であることをアピールするためにも、法令に即した就業規則を作成・周知・運用することをお勧めします。なお、助成金を受給しようとする際にも、就業規則へのチェックが入ります。受給のための要件を踏まえて作成しておくことで、助成金申請がスムーズに行えます。

> 求人票について
> Q：採用面接において、求職者と合意のうえであったとしても、求人票の内容と異なる労働条件で採用した職員がいる場合、留意する点はあるのでしょうか？
> A：原則として、求人票の求人条件がそのまま採用時の労働条件となるものではありません。しかし、求人票の求人条件が労働条件になるとされた判例もあり、求人票と相違がある労働条件で採用する場合、労働契約締結前までに求職者に説明する必要があります。

【説明・ポイント・考え方】

　求人者が公共職業安定所等（以下「職安等」とする）に申し込んでいる求人票については、法律上は「申込の誘引」を行っているに過ぎないと考えられています。しかし、求職者が職安等を通じて応募する場合、求人条件について他の求人票との比較考量を行い、その求人票の求人条件を信じて応募し、採用に至った場合、求人票の記載内容が契約内容となるとした判例（千代田工業事件　1983年10月19日　大阪地裁判決）もあります。

　職業安定法第5条の3第1項および第2項で、募集時は、労働者の募集を行う者に対し、求職者等に一定の労働条件を明示することを

義務づけています。具体的には、従事すべき業務の内容および賃金、労働時間その他の労働条件を明示しなければならないとされています。労働契約締結時には、労働基準法第15条第1項で、使用者は労働者に対し、①労働契約期間、②有期労働契約を更新する場合の基準、③就業場所・従事する業務内容、④始業・終業時刻、所定労働時間を超える労働の有無、休憩時間、休日、休暇、交替制勤務をさせる場合は就業時転換に関する事項、⑤賃金の決定・計算・支払方法、賃金の締切・支払時期に関する事項、⑥退職に関する事項（解雇事由を含む）について、書面により明示する義務が課されています。また、労働契約法第4条第1項において、使用者は労働者に対し、労働条件および労働契約の理解を促進するよう義務づけられています。

　多くの判例・通説により、労働契約の成立時期については、労働基準法第15条第1項に基づく労働条件明示を行う義務が発生する採用内定を出す段階（解約権付始期付労働契約）であるとしています。したがって、労働条件が求人票の記載内容と異なる場合には、その際に改めて労働条件を明示する必要があることに留意する必要があります。

募集時の年齢・性別制限について
Q：ハローワーク等の公共機関に求人を出す場合、年齢や性別等の制限ができないと聞きました。では、自社で「年齢40歳未満、女性パートタイマー募集」というポスターを作ったり、HPで募集したりすることは法律的に問題はないのでしょうか？
A：募集媒体によらず、募集時の年齢・性別制限は禁止されています。採用は、年齢・性別ではなく、能力で判断される時代です。たとえ自社で作成した求人広告であっても、年齢・性別制限をすることは

法令違反となります。しかし、介護業界では、女性の応募者が多くなるのが現状です。募集時に「女性限定」とすることは認められませんが、採用の段階で御社の条件に合致する能力のある人が、たまたま20代の女性であり、最終的にその人を採用したとしても、法に触れることはありません。

【説明・ポイント・考え方】

あいまいな制限表現についても注意が必要です。年齢制限であれば「30歳未満の方歓迎」等、性別制限であれば「男性1名、女性5名募集」「看護婦募集」等の表現は認められません。ただし、例外もあります。

(1) 年齢制限を設けることのできる主な例外

　①定年年齢を上限として、その「上限年齢未満」の労働者を「期間の定めのない労働契約(正社員・期間の定めのないアルバイト等)」の対象とした場合

　例) 定年65歳の会社で「期間の定めのない社員」を募集する広告
　(○)「65歳未満募集」(定年年齢未満の人は全員OK)
　(×)「60歳未満募集」

　②長期勤務によるキャリア形成を図るために、新卒者をはじめとした若年者等(基本的には35歳未満)を「期間の定めのない労働契約」の対象とした場合で、以下の条件を満たしている場合

　・対象者の職業経験について不問とすること(「介護ヘルパー(経験者優遇)」は認められません)

　・新卒者以外の者について、新卒者と同等の処遇にすること(教育・訓練体制等が同一ということであり、賃金も同一という主旨ではありません)

(2) 性別制限を設けることのできる主な例外

①守衛、警備員等のうち、防犯上の要請から男性に従事させることが必要である職務
②助産師など法律で性別が決まっているもの

求人を出す前に厚生労働省のホームページ等を確認しましょう。
○その募集・採用　年齢にこだわっていませんか？
http://www.mhlw.go.jp/bunya/koyou/other16/dl/index03.pdf
○男女均等な採用選考ルール
http://www.mhlw.go.jp/general/seido/koyou/danjokintou/dl/rule.pdf

---

履歴書について

Q：求職者の履歴書の信憑性を確認するために、履歴書に書かれている前職企業に求職者の退職理由等を問い合わせたいと考えています。法律的な問題や留意する点はあるのでしょうか？

A：前職照会を直接規制する法律はないので、これを行うこと自体は違法ではありません。しかし、前職企業に問い合わせる際には、労働者のプライバシーについて、十分に配慮する必要があります。

【説明・ポイント・考え方】

　応募者から提出される履歴書の記載内容については、採用選考のうえで有利になるという応募者の思惑から、事実とは異なる事項を記載した結果、入職後にその事実が発覚し、さまざまな労使紛争に発展するケースも少なくありません。

　そのような労使紛争を回避するためにも、求人側が採用選考の際、履歴書に記載のある前職企業に対して、求職者の素行や退職理由等の調査を行うことも、有効な手段の一つと考えられます。

　しかし、前職企業がその要請に応じてくれるのか、また、求職者

のプライバシーの保護はどこまで図ればよいのか、といったことが問題となってきます。

　まず、前職照会をすることについては、過去の判例（三菱樹脂事件　1973年12月12日　最高裁大法廷判決）では、原則として企業に採用（調査を含む）の自由を広く与えています。また、労働基準法第22条第4項では、使用者はあらかじめ第三者と謀って、労働者の就業を妨げることを目的に、その国籍、信条、社会的身分、労働組合運動に関する通信をしてはならないとしていますが、前職照会について直接規制する内容は記載されていません。

　一方、プライバシーの保護に関しては、個人情報保護法でも前職照会が直接規制されているわけではありませんが、同法第18条第1項において、求人者が前職照会により第三者からの個人情報を取得した場合、あらかじめ利用目的を公表している場合を除き、取得後、速やかに利用目的を公表することを義務づけています。また、前職企業が応じる場合についても、同法第23条第1項で、個人情報を第三者に提供する場合には、あらかじめ本人の同意を得ることが義務づけられています。

　以上により、前職照会を行う際には、あらかじめ本人同意欄のある照会回答書を作成し、本人の同意が得られた場合にのみ、前職企業へ同書類を送付して回答を求める方法が適切と考えられます。

> 身元保証について
> Q：介護業界は事故や盗難等のトラブルが発生するリスクが高いため、（当社は）採用時、従業員から身元保証書を提出してもらうことを検討しています。身元保証のポイントを教えてください。また、「身元保証人の条件に合う人物が見つからない」という場合は、どのように対応したらよいのでしょうか？

A：法律的効力より抑止効果を求めます。

採用時の身元保証は一般的に、保証人に従業員の身元を保証してもらい、従業員が何かトラブルを起こした時の損害賠償責任を負ってもらうためのものです。身元保証書にその責任内容を記載し、身元保証人に名前を自筆で記入、実印を押してもらいましょう。印鑑証明の添付を求める会社もあります。身元保証を法律的に有効にするには、保証書以外にも保証人の要件や通知義務などのさまざまな条件を満たす必要があり、煩雑です。法的有効性は（十分では）ありませんが、身元保証書を提出してもらうだけという会社も多数あります。それでも問題の発生を防ぐ心理的な抑止効果にはなります。保証人の条件にこだわらず、身元保証書を提出してもらうほうがよいでしょう。

【説明・ポイント・考え方】
①身元保証人
　民法では、損害を弁済する能力があり、行為能力者（単独で法律的行為ができる人であり、たとえば未成年者などは除く）であることを定めています。ただし、肉親や配偶者以外の保証人を求めたり、弁済能力ばかりを重視したりすると保証人のなり手が見つからない場合が多いので、考慮が必要です。

②保証期間
　期間を定める場合は最大5年、定めない場合は3年となります。自動更新は認められておらず、更新する場合は新たに契約書を取り交わす必要があるため、更新はしないという会社が多くなっています。

③通知義務
　事業所は、保証人が知らないうちに賠償責任のリスクが高くなることを防ぐため、あらかじめ保証人に対し、保証する従業員の仕事

の内容や働く場所などを明確にしなければなりません。また、それらに変更があったときや業務上不適切なことが起こったときは、その都度保証人に通知をする必要があります。

④ **賠償の範囲**

事業所には使用者責任があります。身元保証書を提出してもらっても、損害の全額が保証されるというものではありません。あくまでも、リスクを少しでも減らすための手段の一つと考えます。

> 登録ヘルパーへの業務委託について
> Q：登録ヘルパーについても、法律は一定条件を満たす場合には、社会保険に加入することを求めています。経費削減のため、登録ヘルパーと請負契約を結んで、業務を委託することが可能でしょうか？
> A：一般的に、登録ヘルパーに業務を委託することはできません。
> 請負契約において、請負人（登録ヘルパー側）は自らの判断と責任で業務を遂行することが求められ、注文者（介護事業所側）からの指揮監督命令を受けることはありません。訪問介護における一般的な現状から、登録ヘルパーとの関係を考えた場合、その関係を請負関係と見ることはできません。

【説明・ポイント・考え方】

経費削減等を図るために、職員との雇用関係を避けて、請負関係とする経営者的発想は、介護・福祉業界に限らずしばしば見受けられるものです。

しかし、介護職員の増加に伴い、厚生労働省は、その労働者性について、すでに次のような通達を発出しています。

「訪問介護の業務に従事する者の中には、委託、委任等の呼称が用いられている場合もあるが、労働者に該当するかどうかについて

は、使用者の指揮監督等の実態に即し総合的に判断すること。なお、介護保険法に基づく訪問介護の業務に従事する訪問介護職員等については、一般的には使用者の指揮監督の下にあること等から、労働基準法第9条の労働者に該当するものと考えられる」(2004(平成16)年8月27日付け基発第0827001号)。

　これは、それ以前からの労働法関連の判例の見解を踏襲したものでもありますから、登録ヘルパーとの関係は一般的には雇用関係と見なさなければならないでしょう。したがって、登録ヘルパーに業務委託をすれば、その請負契約はなんらかの「特殊な事情」が存在しない限り、いわゆる「偽装請負」として厚生労働省の是正指導の対象になるものと考えられます。

　なお、経費削減等の観点から、派遣会社に派遣登録している介護職員を受け入れるという手法も考えられますが、業務内容の質が低下するなど、利用者にとっては必ずしも利益とはなりませんから、派遣受け入れにも慎重な判断が必要です。

外国人の採用について

Q：外国人を採用する場合、どのような点について注意しなければなりませんか？
　近年、介護の分野でも、外国人の受け入れ体制の整備が進められているようですが、採用の際にはどのような点に注意しなければならないでしょうか？

A：外国人がわが国で就労するには、就労の認められる在留資格でなければなりません。
　わが国に在留する外国人は、入国管理局から与えられた在留資格の範囲内で、在留期間内に限り、就労等の在留活動を行うことが認められています。就労の在留資格がない外国人を事業所で採用した場

合、入国管理法(「出入国管理及び難民認定法」)違反として事業主も処罰の対象となる可能性がありますから、採用担当者は必ず在留資格を確認します。

【説明・ポイント・考え方】

　わが国では、専門的・技術的分野の外国人労働者の就労を積極的に推進しており、近年、看護・介護の分野でも経済連携協定(EPA)に基づき、東南アジア諸国から外国人看護師・介護福祉士候補者の受け入れを実施しています。しかし、日本人と外国人では、言葉はもちろんのこと、文化や価値観、そして仕事への取り組み方に関する考え方などの違いがあるため、外国人の雇用には、事業所側に相当の努力が必要となります。外国人労働者を効果的かつ継続的に教育できる体制を事業所内で用意できるかどうか、採用の時点で明確な見通しがなければなりません。それがない限り、外国人労働者を雇用すべきではないでしょう。

　外国人を採用する際には、在留カード(2012〔平成24〕年7月までに交付を受けた場合には「外国人登録証明書」)の提示を求め、在留資格、在留期間を確認します。転職のケースなどでは、「現在」の在留資格の変更手続きが必要となることがありますが、そのような場合には、変更手続きが許可されなければ採用内定は無効となることを応募者に伝えるようにします。

　そのほか外国人の雇い入れ、離職の際には当該外国人労働者の氏名、在留資格、在留期間などをハローワークに届け出なければなりません(雇用対策法第28条)。この届け出は入国管理局への届け出(入国管理法第19条)を兼ねていますから、必ず行わなければなりません。

試用期間の長さについて
Q：専門性があり、ジョブ型である介護職員の採用については、「仕事力」が本当にあるかどうかが大切となるため試用期間を長くしたいが、その場合の法的制限など労務管理上のポイントとなるのはどういう点でしょうか？
A：あまり長い試用期間を設定することは、事業所の採用姿勢として好ましいものではありません。
多くの介護事業所が2〜3か月程度の試用期間を設けていますが、試用期間の長さについては公序良俗に反しない限り、法律上の制限は特にありません。しかし、試用期間中、労働者は不安定な立場となります。

【説明・ポイント・考え方】

　試用期間は、法律上認められている「選考期間」とみることができるため、試用期間を通して「仕事力」があるかどうか見極めることは重要です。また、試用期間の長さについて、法律は特段の制限を設けていません。

　とはいえ、「とりあえず採用して試してみる」という採用姿勢は賢明ではありません。試してみて、結局「不採用」となれば、再び採用活動をしなければならず、お金や時間がそれだけ余分に必要となります。ですから、試用期間の長さよりも、「採用」そのものが重要であるといえます。また、試用期間を長く設定したことにより、「仕事力」のある人を採用できたとしても、入所後、継続的な教育が労務管理上重要であることにも変わりがありません。「退職率が高く、人材が不足しているから、『仕事力』のある即戦力が必要」という悪循環に陥ることがないよう適切な採用、教育を継続的に実施することこそが肝心です。

なお、試用期間中にその期間を延長することが認められるかどうかについては判断が分かれます。たとえば、「すでに職員として不適格と認められるけれども、なお本人の事後の態度いかんによっては、登用してもよいとして即時不採用とせず、試用の状態を保っていく」場合には、試用期間の延長が認められており、合理的な理由の存否などが問われます（上原製作所事件　1973年5月31日　長野地裁諏訪支部判決など）。

> 登録ヘルパーの年次有給休暇付与日数のカウント方法について
> Q：勤務時間の短い登録ヘルパーでも、年次有給休暇が発生すると聞きました。そこで、有給休暇の比例付与日数表を見ましたが、所定労働日数の当てはめ方がわかりません。登録ヘルパーは、毎月何日勤務というように労働日数が定まっていません。どうやって所定労働日数を計算すればよいのでしょうか？
> A：所定労働日数が定まらない登録ヘルパーは、勤務実績でカウントします。勤務日数があらかじめ決まっていない登録ヘルパーは、付与基準日直前の勤務実績を考慮して所定労働日数を算出することができます。まず、入職6か月後に最初の年次有給休暇が発生します。その際は、6か月間で実際に勤務した日数の2倍の日数を所定労働日数とみなして年次有給休暇付与日数表に当てはめます。以降は、過去1年間の勤務実績日数を所定労働日数として年次有給休暇を付与します。

【説明・ポイント・考え方】

短期間の労働契約を繰り返し更新している訪問介護労働者であっても、雇い入れの日から起算して6か月間継続勤務し、全労働日の8割以上出勤した場合は、年次有給休暇を与える必要があります。

これは、所定労働時間が1日1時間の勤務でも、所定労働日数が1週間に1日しかない場合でも同じです。

　原則として付与日数は、年次有給休暇の付与日数表の所定労働日数に当てはめて計算します。週所定労働時間が30時間未満の労働者の場合は、比例付与表に当てはめます。

　ここでいう所定労働日数とは、基準日（有給休暇が発生する日）に契約している日数です。たとえば、週3日とか1か月14日勤務（年間168日）というように雇用契約が定まっていれば、それを所定労働日数とします。

　ただし、日数が定まっていない登録ヘルパーは、付与基準日直前の実績を考慮して所定労働日数を算出することができます。

　たとえば、雇い入れ6か月後の最初の年次有給休暇付与日数は、6か月間の勤務実績が80日であれば、2倍の160日を1年間の所定労働日数と考え、それを表に当てはめて5日間になります。

　登録ヘルパーの数が多い会社では、あらかじめパソコン等で表を作っておくと便利です。

マイカー通勤について

Q：マイカー通勤を許可しているのですが、先日、ある職員の通勤用車両が自動車保険に加入していないことが発覚しました。どのように対処したらよいでしょうか？

A：マイカー通勤者の管理を徹底しましょう。
　マイカー通勤の際に事故が起きると、事業所が使用者責任（民法第715条）や運行供用者責任（自動車損害賠償保障法第3条）を問われ、損害賠償請求を受けることがあります。そのためにも、マイカー通勤規程を作成し、マイカー通勤を許可制にします。事業所は、自賠責保険および任意保険、免許証、車検証等をしっかりと管理し、安

> 全運転教育も行いましょう。なお、内定者に対しては、マイカー通勤規程を理解させ、入職日の前までに所定の書類を揃えて事業所に提出するように指示し、事業所の許可を受けるまで、マイカー通勤をさせないことが肝心です。

【説明・ポイント・考え方】

　マイカー通勤を一切禁止し、例外的に認める許可基準を周知しているような場合では、民法第715条の使用者責任を免れた判例も存在します。ところで、マイカー通勤を許可している事業所の場合、通勤手当を支給していることが一般的でしょう。これは、積極的にマイカー通勤を認めていると判断されます。また、マイカー通勤を黙認している場合にも、同様に判断されます。ここから業務執行性や事業執行性が認められるという結論となり、事業所の使用者責任が発生することとなります。理由は、通勤は業務の準備行為とされ、事業所にも、通勤状況の把握や一定の指導監督をすることが求められるからです。運行供用者責任は、被害者が自動車の運行により死傷したことのみを証明すれば足りるため、これを覆すことは非常に困難です。無保険車で事故を起こしたときには、事業所の存続すら危うい事態に陥ることも十分考えられます。なお、使用車両の任意保険の補償金額ですが、対人・対物無制限となっている場合にのみ、許可を出すような規定を整備してください。マイカー通勤のみならず、バイクや原動機付自転車での通勤に関しても同様に取り扱ってください。原動機付自転車などには車検制度がないため、自賠責保険が切れているケースも見受けられます。昨今問題視されている自転車事故にも対応できるよう、同様の規程整備を行ってください。

持病(うつ・心臓病・てんかん・糖尿病など)・体調(妊娠など)について
Q:面接の際に「持病もなく健康です」といって入社してきた社員が、「入職後に糖尿病が悪化しました」といって、健康保険証が届くとすぐに入院してしまいました。また過去には、利用者の送迎を命じた職員に、「てんかんがあるから、車の運転はできません」といわれてしまいました。このような事態を防ぐためには、どのような採用方法をとればよいのでしょうか?
A:採用前の病歴確認をしっかりと行いましょう。
プライバシー侵害にあたらないよう、本人同意のもと、健康に関する申述書を作成・提出させることをお勧めします。病歴、既往症、服薬中の薬、就業制限などを明らかにしてもらいます。面接時に内容を確認し、記録を残しておきます。さらに、健康で勤務に支障のない旨の文言が記載された誓約書を、入職日より前に受け取ります。この誓約書には、面接および本人申告に相違がない旨や、相違があれば内定の取り消しや解雇がある旨を記載しておきましょう。そのほか、誓約書には、腰痛・てんかん・精神疾患など具体的な病名を記載し、罹患していないことを確認してもよいでしょう。

【説明・ポイント・考え方】

　本来ならば一律に健康診断を行って、発言等の真偽を明らかにしたいところですが、そのような行為は禁止されています。よって、面接時に「腰に負担がかかりますが、問題はないですか?」「送迎車両の運転がありますが、運転に支障はないですか?」などと、具体的に聞いて、確認することでしか対応できないということになります。判例では、求職者の同意なくHIV抗体検査やB型肝炎ウィルス感染検査を行うことは、不法行為とされています。ただし、これらの検査の実施に、目的ないし必要性に照らし客観的かつ合理的

な必要性が認められ、かつ同意があるときは正当な行為となります。なお、雇い入れ時の健康診断義務の履行ということで、採用前に行う健康診断は禁止されていませんが、適正配置、入職後の健康管理に利用するための位置づけとされている点に注意が必要です。結論としては、採用選別を厳しく行うことです。そうはいっても、病歴等に疑わしい点があるが、資格者の配置上どうしても採用しなければならないときには、正職員ではなく、期間雇用の契約職員として採用し、様子を見ることも一つの選択肢となります。

> 入職後一定期間内の自己都合退職について
> Q：入職後、業務に必要な資格を取得させたり、研修等を受講させたりした後、すぐに職員が自己都合退職してしまうケースがあります。今後、そうした退職を防止するため、入職後一定期間内に自己都合退職する場合は、会社が支払った資格取得等に要した費用について、遡って支払いを求めるといった契約を、入職時に締結しても差し支えないのでしょうか？
> A：早期退職を防止するために、労働契約に付随して行われる資格取得費用等を遡って支払わせる契約は、労働基準法第16条に抵触するものであり、認められません。また、業務に不可欠な資格で、取得が業務命令である場合には、その費用は会社が全額負担すべきものとされています。

【説明・ポイント・考え方】

雇用の流動化が進む昨今の状況において、各企業が優秀な人材の確保を目指すのは、企業存続のうえでも大変重要なこととなっています。そうした点を踏まえ、早期の自己都合退職を防止するため、入職後一定期間内に退職する職員には、資格取得等に要した費用を

遡って請求できるとした契約を、労働契約締結時に付随して行うといった対策も考えられます。

　しかし、労働基準法第16条は、労働契約の不履行について違約金を定めたり、損害賠償額を予定する契約をしてはならないと定めています。つまり、事業所が資格取得等のために要した費用を負担する代わりに、職員に一定期間働くことを義務づけ、これに違反した場合の費用返還を求める行為は禁止されています。

　一方、これに関連する判例では、従業員自身が受験を希望し、資格取得費用を会社が立替払いした後に従業員が退職した場合で、会社への費用返還が認められたものもあります（藤野金属工業事件 1968年2月28日　大阪高裁判決）。この判決では、①従業員の自由意思で受験したこと、②費用の金額が合理的であったこと、③費用が使用者の立替金と思われたこと、④費用免除までの勤務が不当に長くなかったこと、⑤費用を返還すればいつでも退職できたこと、などを総合的に判断して、労働基準法第16条に違反しないとされました。

　こうしたことからも、資格取得等の費用については、事業所からの貸付や立替払いとする制度を確立したうえで、職員の自由意思に基づき受講・受験させることが大切であると考えられます。

おわりに

最後まで、お読み頂きありがとうございました。

これから介護事業所は大変な時代を迎えようとしております。介護保険法、介護報酬制度の改正や人手不足など、経営を行ううえでの問題は多々出てくるとかと思われますが、このような時代だからこそ、チャンスがあると私たちは理解しております。最新の情報やノウハウ、そして専門知識を持ったブレインやメンターの存在は介護事業の経営を行ううえで、重要な要素です。

さて、私たち社会保険労務士は、人に関することの専門家です。

これまでは、社会保険・労働保険等の手続き代行や給与計算代行を行っている専門家という認識が多かったのですが、昨今のさまざまな労務問題を目の前にして、労務問題・人事問題を解決すべき専門家であることが求められてきております。また、就業規則や人事制度、賃金制度のご提案、助成金や教育制度のご提案を求められることも今後ますます増えていくことであろうと思われます。

そのようななか、2012（平成24）年11月に介護事業所の労務管理、運営と経営のご支援を行える社会保険労務士の団体を発足しました。現在70名（2014〔平成26〕年4月現在）の社会保険労務士の会員で全国の介護事業所の支援を行っております。私たちの専門は労働法ですが、介護事業所をご支援するにあたっては、介護保険法と介護業界の理解が必須であると考え、真に介護事業所をサポートできる存在になるために常に自己研鑽を行っております。

介護事業所の経営者、また職員のことを理解し、適切な労務管理を行うことを使命と感じております。

私たち介護経営研究会（社会保険労務士）が皆さまの経営に少しでもお役に立てれば幸いに存じます。

一般社団法人介護経営研究会（C-SR）

代表理事　三浦　修

■ 参考資料

『CUBIC　適性診断』
『採用と人権―明るい職場を目指して―2013』東京都産業労働局、2013 年
『ジュリスト№ 1269』有斐閣、2004 年
『ジュリスト№ 1278』有斐閣、2004 年
『判例タイムズ№ 354』判例タイムズ社、1978 年
『判例タイムズ№ 1015』判例タイムズ社、2000 年
芦原一郎　稲田博志　編集『事例でわかる問題社員への対応アドバイス』新日本法規出版、2013 年
安西愈『トップ・ミドルのための採用から退職までの法律知識』中央経済社、2013 年
伊藤康浩『最新　知りたいことがパッとわかる就業規則の落とし穴がわかる本』ソーテック社、2010 年
大内伸哉『労働法実務講義［第二版］』日本法令、2005 年
大内伸哉『最新重要判例 200［労働法］』弘文堂、2009 年
小川泰広「■経営リスク情報■マイカー通勤におけるリスクと企業責任」『Risk　Solutions Report　№ 7』銀泉リスクソリューションズ、2013 年
河本毅『相談事例と判例に基づく労働紛争解決実務講義［第二版］』日本法令、2007 年
公益財団法人介護労働安定センター『介護労働実態調査結果について』
厚生労働省　老健局『公的介護保険制度の現状と今後の役割　平成 25 年』
佐藤広一『御社の就業規則この 35 ヵ所が危ない！』中経出版、2010 年
社会保障審議会　介護保険部会第 47 回資料『介護人材の確保関係』2013 年
鈴木銀治郎『事例にみる解雇効力の判断基準』新日本法規、2006 年
田中元『小規模デイサービスをはじめよう！』ぱる出版、2010 年
東京弁護士会労働法制特別委員会『新労働事件実務マニュアル』ぎょうせい、2014 年
林哲也『実例でみる介護事業所の経営と労務管理』日本法令、2012 年
真部賀津郎『これが日本でいちばんわかりやすくて会社を強くする就業規則です！』秀和システム、2012 年
労政時報別冊『新版　新・労働法実務相談』労務行政、2010 年
渡邊岳『募集・採用・退職・再雇用 Q & A』労務行政、2011 年

一般社団法人介護経営研究会（C-SR）会員名簿

都道府県	事業所名	氏名
北海道	えるむ社会保険労務士法人	菅田　真紀子
北海道	宮武社会保険労務士事務所	宮武　小織
北海道	小田切労務行政事務所	小田切　良司
北海道	社会保険労務士法人　給与・労働法務センター	岩井野　曉
北海道	杉浦社会保険労務士事務所	杉浦　貴美子
宮城県	High Field社会保険労務士事務所	上田　信洋
秋田県	中小企業活性化サポート	高橋　朱実
福島県	清水社会保険労務士事務所	清水　まり子
福島県	あすか社会保険労務士法人	菊地　秀明
茨城県	環労務管理事務所	森田　淳子
栃木県	株式会社アサヌマビジネスサポート	藤野　定幸
栃木県	なかだ経営労務オフィス	中田　宏孝
群馬県	加藤労務コンサルティング	加藤　之敬
埼玉県	埼玉人事労務社会保険相談所	兒玉　慎治
埼玉県	さくら社会保険労務士法人	針谷　裕一
埼玉県	社会保険労務士法人SILCS	今井　洋子
千葉県	中昌子社会保険労務士事務所	中　昌子
千葉県	インターフェース社労士事務所	山路　直行
東京都	SNE社労士事務所	澤田　早苗
東京都	小河原社会保険労務士事務所	小河原　裕雅
東京都	ビジネスフライトコンサルティング	林　久美
東京都	あいぼーでんワークスタイルイノベーション	山田　芳子
東京都	社会保険労務士事務所オフィス・ヒューレム	松原　正明
東京都	社会保険労務士法人相事務所	福島　紀夫
東京都	NAC社会保険労務士事務所	中西　恵津子
東京都	杉野経営労務事務所	杉野　賢一
東京都	社会保険労務士法人エルクエスト	奥村　一光
東京都	TRAD社会保険労務士法人	田畑　啓史
東京都	東京中央人事	伊藤　泰人
東京都	アップル労務管理事務所	吉田　秀子
東京都	八重洲社会保険労務士事務所	小島　文幸
東京都	田中葉子社会保険労務士事務所	田中　葉子
東京都	テクノートプラス社労士事務所	田中　潤一
神奈川県	佐藤経営労務事務所	佐藤　三男
神奈川県	杉浦社会保険労務士事務所	杉浦　正
神奈川県	メイクル経営管理事務所	海田　正夫
神奈川県	HRコンサルティング	髙橋　真弓
神奈川県	社会保険労務士こころざし経営労務事務所	志田　淳

2014年8月1日現在

都道府県	事業所名	氏名
石川県	末正社会保険労務士事務所	末正 哲朗
山梨県	三井社会保険労務士事務所	三井 倫実
岐阜県	美濃労務管理事務所	今井 欣也
静岡県	笑み社労士事務所	鈴木 美江
静岡県	杉山行彦社会保険労務士事務所	杉山 行彦
静岡県	社会保険労務士法人ローム	牧野 剛
静岡県	あおば社会保険労務士法人	藤原 英理
愛知県	土屋労務管理事務所	土屋 三千子
愛知県	社会保険労務士事務所みらいサポート	大参 直子
愛知県	さくら社会保険労務士法人	竹内 裕二
愛知県	社会保険労務士法人事務所リンク・サポート	平野 謙吾
愛知県	磯部法子社会保険労務士事務所	磯部 法子
三重県	社会保険労務士法人　ナデック	小岩 広宣
三重県	綜合経営労務センター	田中 克己
滋賀県	岡島弘典経営労務事務所	岡島 弘典
京都府	中村社会保険労務士事務所	中村 昭久
大阪府	津田経営管理事務所	津田 英人
大阪府	アステージ社労士・行政書士事務所	佐藤 壱磨
大阪府	介護福祉パートナーズ	廣井 典子
大阪府	リーガルブレイン社労士・行政書士事務所	兒玉 年正
兵庫県	山本社会保険労務士事務所	山本 日出男
兵庫県	宇和社労士事務所	宇和 幸一
広島県	フクシマ社会保険労務士法人	福島 省三
山口県	石﨑社会保険労務士事務所	石﨑 秀郎
徳島県	つちはし社会保険労務士事務所	土橋 秀美
香川県	社会保険労務士法人合同経営	林 哲也
高知県	上田経営管理事務所	上田 宜洋
福岡県	社会保険労務士法人プロフェス	前田 拓邦
福岡県	杉原社会保険労務士事務所	杉原 浩
熊本県	クロスフィールズ人財研究所	三浦 修
大分県	社会保険労務士法人　城綜合労務管理事務所	城 敏徳
宮崎県	八光宣和社労士事務所	八光 宣和
宮崎県	特定社会保険労務士　杉山晃浩事務所	杉山 晃浩
鹿児島県	江原＆パートナーズ社労士事務所	江原 充志

C-SR事務局
〒861-4101　熊本県熊本市南区近見8丁目6-29
TEL　096-277-1298
FAX　096-277-1296
URL　http://www.c-sr.jp/
mail　info@c-sr.jp

●著者略歴

兒玉　年正（こだま　としまさ）　第1章・資料
リーガルブレイン社労士・行政書士事務所代表

社会保険労務士、人事コンサルタント。1971年9月生まれ。関西学院大学商学部卒業。大阪府堺市を中心に社員数名規模から1,000名規模までの会社の労務顧問として経営サポートを行う。特に人材採用・育成の分野に注力。事務所初の顧問先が福祉事業所というご縁もあり、これまでに100社超の福祉事業所の事業運営サポートを行う。現在、立命館大学医療経営センター客員研究員。

林　久美（はやし　くみ）　第2章
社会保険労務士事務所ビジネスフライトコンサルティング代表

特定社会保険労務士。青山学院大学院法学研究科修了。兵庫県出身。2005年開業。"中小企業を元気にする"を経営理念に、助成金申請から労務相談、就業規則作成、紛争解決手続代理人業務等を受託する。介護事業所様向けセミナー多数。著書に『IT業界の人事・労務管理と就業規則』（日本法令、共著）、『会社の常識・非常識』（清文社、共著）等がある。

藤原　英理（ふじわら　えり）　第3章
あおば社会保険労務士法人代表社員

特定社会保険労務士、ファイナンシャルプランナー（CFP）。1987年東京大学大学院（農芸化学専攻）修了。大手製薬会社、大手証券会社勤務を経て、社会保険労務士、CFPを取得し、2003年に社会保険労務士・FP事務所を設立。2004年に社労士事務所を法人化。現在顧問先・関与先約200社の労働社会保険事務、労働相談、年金相談、中小企業の人事労務面のコンサルティング等に応じている。

菊地　秀明(きくち　ひであき)　第4章
あすか社会保険労務士法人代表

慶應義塾大学卒業。上場製薬会社の人事部門等を経て1996年開業。顧問先は福島、北関東を中心に二百数十社。病院、介護事業所の採用支援、労務管理に強みを持つ。高齢者住宅新聞で数年にわたり連載した「社労士が教える介護事業の人事労務管理のポイント」は好評を得た。TKC医療開業セミナーのメイン講師等、医療、介護事業を対象としたセミナー講師と多数務めた実績がある。

末正　哲朗(すえまさ　てつろう)　第5章
末正社会保険労務士事務所所長

特定社会保険労務士。1990年青山学院大学国際政治経済学部卒業。大手生命保険会社勤務を経て、2004年、末正社会保険労務士事務所開業。「完全経営者側」の社会保険労務士という考え方に立ち、使用者と労働者の関係が複雑化する中で、採用から退社までのあらゆる局面において経営者をサポートしている。

廣井　典子(ひろい　のりこ)　第6章
介護福祉パートナーズ共同代表

特定社会保険労務士、介護福祉経営士、2級FP技能士。大阪府吹田市生まれ。神戸松蔭女子大学短期大学部英文学科卒業。生命保険会社にて、法務部・システム企画、その後、金融機関にて国際業務に従事。2008年社会保険労務士事務所を開業。現在、介護福祉パートナーズの共同代表として、介護・障がい福祉サービス事業者の経営サポートを行っている。

奥村　一光（おくむら　かずみつ）　第7章
社会保険労務士法人エルクエスト代表社員

1996年7月社会保険労務士として独立、2006年10月に社会保険労務士法人エルクエストを設立し、代表社員に就任。エルクエストは、東京都千代田区と大阪市北区の2拠点に在籍する18名の社員で、上場会社12社を含む300社を超えるお客様に対して、得意とする労務トラブルの解決、給与計算及び助成金の申請を行っている。奥村は現在、豊中商工会議所の専門相談員他、公共団体の顧問を務める。

吉田　秀子（よしだ　ひでこ）　Q&A
アップル労務管理事務所代表

特定社会保険労務士、行政書士。介護・医療業界の労務管理コンサルタントとして、事業主1名の会社から上場企業まで幅広い顧客に対応し、介護・医療・外資系など多くの顧問先を持つ。また介護保険法施行前から、公益財団法人介護労働安定センターの雇用管理コンサルタントとして、15年間介護事業所向けセミナー講師や個別コンサルティングを務める。未払い残業問題、訴訟に強い就業規則の整備、労働基準監督署の調査対応、労働組合対応など、各種労務問題を解決してきた実績を持つ。

杉山　晃浩（すぎやま　あきひろ）　Q&A
特定社会保険労務士杉山晃浩事務所代表

愛知県出身。成蹊大学卒業。勤務先の破たん等を経て、2001年、配偶者の出身地である宮崎県にてIターン創業し、10年余りで宮崎県内有数の社会保険労務士・行政書士事務所に育て上げる。「自分・クライアント・事務所」が笑顔になれる環境づくりを企業ミッションとして、10名の職員と日々進化を続ける。創業支援・労使トラブルを得意分野とし、クライアントの信頼も厚く、セミナー依頼も多い。HP「宮崎助成金サポートセンター」を運営。

加藤　　之敬 (かとう　ゆきたか)　Q&A
加藤労務コンサルティング代表

1977年群馬県生まれ。2000年高崎経済大学卒業。地元企業にて人事・労務・安全衛生業務全般に従事した後、2011年加藤労務コンサルティングを開業。大学時代にボクシングを始め、大学卒業後はプロボクサーとして活動していた経歴を持つ。現在は、中小企業の労務管理を中心に、助成金提案や労使紛争防止のための就業規則等の作成、職員採用から教育までのアドバイス、社会保険手続、給与計算等と幅広い分野に携わっている。

中村　　昭久 (なかむら　あきひさ)　Q&A
中村社会保険労務士事務所代表

関西大学経済学部卒業。2012年京都府社会保険労務士会に開業登録。中小企業での実務経験を活かして就業規則の作成・改訂、助成金コンサルティング、社会保険料削減コンサルティング、人事制度の再構築などを行っている。

- ●表紙デザイン／梅津幸貴
- ●編集協力／(株)東京コア
- ●本文DTP／(株)ワイズファクトリー

介護福祉経営士 実行力テキストシリーズ12
ここで差がつく！
次代をリードする人材を獲得するための採用戦術

2014年8月25日 初版第1刷発行

編著者	一般社団法人介護経営研究会（C-SR）
発行者	林 諄
発行所	株式会社 日本医療企画
	〒101-0033 東京都千代田区神田岩本町4-14
	神田平成ビル
	TEL 03（3256）2861（代表）
	FAX 03（3256）2865
	http://www.jmp.co.jp/
印刷所	大日本印刷株式会社

ISBN978-4-86439-270-9 C3034　　©Kaigo Keiei Kenkyukai 2014, Printed in Japan
（定価は表紙に表示しています）